Índice:

Introducción

Importancia de la gestión financiera en pareja.

La gestión financiera en pareja, lejos de ser una mera actividad administrativa, se erige como el cimiento robusto sobre el cual se levanta la estructura de una relación duradera y exitosa. En este punto inicial, nos adentraremos en las complejidades de por qué la coadministración de las finanzas se convierte en una práctica esencial que va más allá de los números y balances.

Ejemplo:

Visualicemos la historia de Carolina y Alejandro, dos almas comprometidas que deciden emprender el fascinante viaje de compartir sus vidas. Para ellos, la comprensión profunda de la trascendencia de abordar en conjunto las finanzas no es simplemente un enfoque pragmático, sino un pilar esencial hacia la construcción de un porvenir compartido. En su travesía, han descubierto que la gestión financiera no es únicamente un ejercicio contable; es una herramienta dinámica para definir metas en común, superar retos financieros y trazar un camino hacia el logro mutuo.

A través de relatos tangibles como el de Carolina y Alejandro, este libro se sumerge en la exploración profunda de por qué la gestión financiera en pareja trasciende la mera administración de recursos. Es un acto intrínseco de cuidado y compromiso compartido que va más allá de las transacciones monetarias. Con ejemplos enriquecedores y consejos aplicables, aspira a ilustrar cómo las parejas pueden convertir el manejo del dinero en una oportunidad para no solo fortalecer su salud económica sino también para cultivar una conexión más profunda y enriquecedora.

Este preámbulo marca el inicio de un viaje que se sumerge en las aguas de la importancia de avanzar juntos hacia el éxito financiero, donde cada decisión económica se convierte en un hilo que tejemos con esmero en el tapiz de la relación.

Objetivos del libro.

El propósito central de esta obra es servir como una guía completa y accesible para aquellas parejas que buscan abordar de manera conjunta el intrincado terreno de las finanzas. Cada capítulo, desde la comunicación abierta hasta la planificación para el retiro, está cuidadosamente diseñado para dotar a las parejas con herramientas prácticas y conocimientos esenciales para navegar las complejidades financieras con confianza.

Al establecer estos objetivos, nuestra aspiración va más allá de ofrecer meros conocimientos prácticos. Queremos inspirar a las parejas a fortalecer su conexión a través de la gestión financiera compartida. Este libro no es simplemente una guía financiera; es un compañero de viaje que busca motivar y guiar a las parejas hacia un futuro financiero sólido y armonioso.

Este viaje no solo se trata de presupuestos y números, sino de construir un puente hacia metas compartidas. Imaginemos a Ana y Carlos, quienes al sumergirse en estas páginas descubren que la gestión financiera en pareja va más allá de los detalles contables. Los objetivos trazados en este libro se convierten en faros que iluminan su camino hacia una relación más fuerte y saludable. Siguiendo las páginas de esta guía, encuentran no solo conocimientos prácticos, sino también la motivación para aplicarlos de manera efectiva en su vida cotidiana.

Así, este libro no solo busca informar sobre prácticas financieras; su objetivo es ser un recurso dinámico que impulse a las parejas a trascender los desafíos financieros y a abrazar la gestión conjunta del dinero como una oportunidad para un crecimiento mutuo duradero.

Capítulo 1:

Construyendo las Bases

La importancia de la comunicación abierta.

En el vasto paisaje de las relaciones, la comunicación abierta se erige como una torre imponente, cuyos cimientos sólidos son esenciales para la construcción de una conexión genuina. Cuando trasladamos esta premisa al ámbito financiero de una pareja, descubrimos que la comunicación no es simplemente un acto de compartir información, sino una herramienta poderosa para tejer los hilos que conforman una base financiera sólida y duradera.

La comunicación financiera va más allá de los números y las transacciones. Es un medio a través del cual las parejas pueden compartir sus sueños, aspiraciones y preocupaciones relacionadas con el dinero. Al considerar la historia de María y Luis, una pareja comprometida que decide unir sus vidas, observamos cómo la comunicación abierta no solo facilita la toma de decisiones prácticas sino que también se convierte en un espacio donde ambos pueden alinear sus valores y construir un futuro financiero que refleje sus metas compartidas.

En este subpunto, nos sumergimos en la esencia de por qué la comunicación abierta es la piedra angular de una gestión financiera exitosa en pareja. Más allá de la capacidad de discutir presupuestos y gastos, implica crear un diálogo continuo que aborde la complejidad de las emociones y valores asociados con el dinero. Al comprender que las finanzas son un aspecto integral de la vida, la pareja puede utilizar la comunicación como una herramienta para fortalecer su conexión emocional y construir una comprensión mutua profunda.

Estrategias prácticas para fomentar una comunicación financiera efectiva se despliegan como un mapa detallado. Se destaca la importancia de crear un espacio seguro donde ambas partes se sientan libres de expresar sus pensamientos y preocupaciones. Este entorno propicio no solo facilita la transparencia en la discusión de temas financieros, sino que también nutre la confianza y la empatía mutua.

La comunicación abierta en las finanzas de pareja no se trata solo de hablar; es una danza de comprensión y aceptación. Al sumergirse en este diálogo, las parejas pueden superar obstáculos, anticipar desafíos y celebrar éxitos juntos. Este subpunto busca iluminar la importancia de este principio fundamental, proporcionando no solo una guía práctica, sino también un recordatorio de que la comunicación abierta no solo es un medio para alcanzar metas financieras, sino un vehículo para fortalecer la conexión en el viaje compartido hacia el éxito financiero.

Herramientas para una comunicación efectiva.

En el tejido complejo de la comunicación en pareja, la habilidad de utilizar herramientas específicas se presenta como la llave maestra que abre las puertas de la comprensión profunda. Este subpunto nos invita a explorar la caja de herramientas de la comunicación efectiva en el ámbito financiero, desentrañando estrategias y prácticas que no solo facilitan el intercambio de información, sino que también fortalecen la conexión emocional y la comprensión mutua.

La comunicación efectiva trasciende el mero acto de expresar pensamientos; implica la capacidad de hacerlo de manera que el mensaje sea no solo escuchado, sino comprendido y respetado. Consideremos el caso de Marta y Alejandro, una pareja que comprende que hablar sobre dinero no es solo un ejercicio práctico, sino una oportunidad para construir puentes de entendimiento. Para ellos, las herramientas de comunicación efectiva se convierten en aliadas indispensables en su viaje financiero conjunto.

En este subpunto, nos sumergiremos en un análisis detallado de las estrategias prácticas que conforman estas herramientas de comunicación efectiva. No se trata simplemente de hablar; se trata de escuchar activamente, de expresar necesidades de manera clara y de resolver conflictos de manera constructiva. Estas herramientas no solo facilitarán el intercambio de información financiera, sino que también crearán un espacio donde las emociones asociadas con el dinero puedan ser abordadas de manera productiva.

1.Escucha Activa:

La escucha activa implica no solo oír las palabras, sino comprender el significado subyacente. En el contexto financiero, esto implica estar atento a las preocupaciones y aspiraciones del otro. Marta y Alejandro practican la escucha activa al dedicar tiempo y atención a las narrativas financieras del otro, creando así un puente de empatía que fortalece su conexión.

2.Expresión Clara de Necesidades:

La comunicación efectiva requiere la capacidad de expresar necesidades de manera clara y directa. Marta y Alejandro han aprendido a articular sus objetivos financieros y necesidades individuales de una manera que fomente la comprensión mutua. Este enfoque directo no solo evita malentendidos, sino que también facilita la colaboración en la toma de decisiones financieras.

3.Resolución Constructiva de Conflictos:

En cualquier relación, los desacuerdos son inevitables. Sin embargo, la clave reside en abordar los conflictos de manera constructiva. Marta y Alejandro aplican estrategias que van más allá de simplemente resolver disputas; buscan soluciones que satisfagan las necesidades de ambos en el ámbito financiero, construyendo así una plataforma para decisiones compartidas.

Entender las sutilezas de estas herramientas no solo mejorará la calidad de las conversaciones financieras, sino que también fortalecerá la base sobre la cual la pareja construye su futuro económico. Este subpunto no solo es una exploración teórica; es un mapa detallado que guía a las parejas hacia la aplicación práctica de herramientas de comunicación efectiva, convirtiéndose así en pilares sólidos en el edificio de una gestión financiera compartida y exitosa.

Creación de un espacio seguro para hablar de finanzas.

En el intrincado telar de las relaciones financieras en pareja, la creación de un espacio seguro para el diálogo se erige como un arte sutil, donde cada hilo tejido contribuye a la construcción de una red robusta de confianza y comprensión mutua. Este subpunto nos invita a sumergirnos en la importancia vital de establecer un ambiente donde las conversaciones sobre dinero no solo sean posibles, sino enriquecedoras y fortalecedoras para la relación.

La creación de un espacio seguro para dialogar sobre finanzas trasciende la mera elección de un entorno físico adecuado; es un proceso emocional que requiere atención y cuidado conscientes. Imaginemos a Carla y Andrés, quienes han comprendido que hablar sobre dinero en un entorno acogedor no solo implica discutir cifras, sino también compartir sueños, enfrentar desafíos y construir juntos un futuro financiero sólido. Para ellos, el espacio seguro es el taller donde las nociones financieras se entrelazan con las emociones, creando así una visión compartida.

En este subpunto, nos sumergiremos en estrategias prácticas para la creación de este espacio vital. No se trata solo de elegir el momento adecuado, sino de cultivar un ambiente donde ambas partes se sientan libres de expresar no solo sus pensamientos racionales sobre el dinero, sino también sus emociones asociadas. Esta atmósfera de apertura no solo facilitará la comunicación, sino que también sentará las bases para una comprensión más profunda y una toma de decisiones compartida.

Definición de Momentos Propicios:

La creación de un espacio seguro comienza con la elección de momentos propicios para abordar temas financieros. Carla y

Andrés han aprendido a identificar momentos en los que ambos están relajados y receptivos, estableciendo así un escenario propicio para conversaciones constructivas. Este enfoque no solo considera la agenda práctica, sino también las necesidades emocionales de ambos.

Cultivo de la Empatía:

La empatía se presenta como una fuerza motriz en la creación de un espacio seguro. Carla y Andrés practican la empatía al intentar comprender las perspectivas y emociones del otro en relación con las finanzas. Este enfoque no solo fomenta la comprensión, sino que también fortalece su conexión emocional, permitiendo que las conversaciones financieras vayan más allá de los números para abordar las experiencias personales asociadas.

Establecimiento de Normas de Comunicación:

Definir normas claras para la comunicación financiera es esencial en la creación de un espacio seguro. Carla y Andrés han creado reglas que incluyen el respeto mutuo, la escucha activa y la ausencia de juicios durante las conversaciones sobre dinero. Estas normas proporcionan un marco que nutre un diálogo abierto y constructivo, permitiendo que ambos se sientan libres de expresar sus pensamientos y preocupaciones sin temor al juicio.

La creación de un espacio seguro para dialogar sobre finanzas no es solo un acto pragmático, sino una expresión de compromiso y cuidado mutuo. Este subpunto no solo es una exploración conceptual; es una guía práctica que invita a las parejas a transformar su entorno financiero en un terreno fértil donde las semillas de la comprensión mutua y las decisiones compartidas pueden florecer, consolidando así un sólido lazo de confianza y entendimiento en su viaje financiero conjunto.

Establecimiento de metas financieras compartidas.

En el vasto terreno de las relaciones financieras en pareja, donde las decisiones económicas moldean el paisaje de su convivencia, el arte de establecer metas financieras compartidas se destaca como la paleta de colores con la que ambos contribuyen a pintar su futuro conjunto. En este subpunto, nos sumergiremos en la importancia intrínseca de definir metas que no solo reflejen los anhelos individuales, sino que también construyan un puente hacia un destino financiero compartido, donde los sueños personales se entrelacen en una narrativa común.

Al explorar este proceso desde una perspectiva integral, nos adentramos en la travesía de reconocer lo esencial tanto en el corto como en el largo plazo. No nos limitamos a la simple enunciación de deseos; en cambio, asignamos a cada aspiración un marco temporal que le otorga coherencia a la visión financiera que están tejiendo. Imaginemos a Lucía y Alejandro, protagonistas de esta travesía, quienes comprenden que las metas financieras no son solo puntos de llegada, sino también la guía que dirige sus decisiones económicas cotidianas.

Este enfoque estratégico que hemos delineado, al considerar tanto las necesidades inmediatas como las aspiraciones a largo plazo, sienta las bases sobre las cuales construirán su visión financiera compartida. En este punto específico, el establecimiento de metas se convierte en un acto de navegación conjunta hacia un futuro donde cada meta no solo representa un logro, sino también un pilar que fortalece la unión financiera de la pareja.

En esta travesía, definir metas financieras implica mucho más que trazar objetivos en un papel; se convierte en el timón que orienta su trayectoria hacia el éxito económico en pareja. Este viaje no solo exige un entendimiento profundo de las prioridades compartidas, sino también la creación de un mapa detallado que guíe sus esfuerzos financieros. En resumen, la definición de metas financieras se erige como un arte que transforma la toma de decisiones económicas en una colaboración inspiradora, donde cada meta tejida se convierte en un hilo que fortalece el tapiz de su futuro financiero conjunto.

Identificación de metas a corto y largo plazo.

En el vasto lienzo de sus aspiraciones financieras, Lucía y Alejandro se embarcan en la fascinante tarea de identificar metas que abarquen distintos horizontes temporales. Este subpunto, en particular, despliega un enfoque estratégico que va más allá de la mera declaración de objetivos; implica la creación de una narrativa temporal que da forma y dirección a su viaje financiero.

Metas a Corto Plazo:

Las metas a corto plazo actúan como semillas plantadas en el suelo fértil del presente, destinadas a florecer en éxitos tangibles y rápidos. En este punto, Lucía y Alejandro reconocen la importancia de establecer objetivos que puedan ser alcanzados en un futuro cercano. Este tipo de metas puede abarcar desde la creación de un fondo de emergencia hasta la adquisición de bienes o experiencias específicas, como unas vacaciones anheladas o mejoras en el hogar.

La identificación de estas metas no solo infunde una sensación inmediata de logro, sino que también sirve como motivación continua. Lograr metas a corto plazo alimenta la confianza en su capacidad para tomar decisiones financieras efectivas y establece un ciclo positivo de esfuerzo y recompensa.

Metas a Largo Plazo:

En el horizonte de sus sueños financieros, Lucía y Alejandro delinean metas a largo plazo que actúan como faros, guiando su trayectoria hacia un futuro sólido y compartido. Estas metas trascienden la urgencia del momento y requieren una planificación estratégica y compromiso continuo. Comprar una vivienda, financiar la educación de los hijos o prepararse para la jubilación son ejemplos elocuentes.

Al identificar y comprender estas metas, Lucía y Alejandro trazan una senda clara hacia el futuro financiero que desean construir. Este proceso no solo implica la declaración de deseos lejanos, sino también la creación de un plan de acción detallado que desglose los pasos necesarios para alcanzar estas metas a lo largo del tiempo.

La Sinfonía Temporal de Metas: Composición Estratégica

La identificación de metas a corto y largo plazo no solo es una asignación de tiempo, sino la composición estratégica de una sinfonía temporal. Cada meta a corto plazo, como una nota vibrante, contribuye al ritmo constante del progreso financiero. Estos logros inmediatos, en conjunto, forman una melodía que impulsa su viaje.

Las metas a largo plazo, por otro lado, son los acordes que dan amplitud y profundidad a la composición. Cada paso hacia estas metas resuena como un movimiento significativo en la sinfonía de su vida financiera conjunta. La planificación estratégica, la asignación cuidadosa de recursos y la dedicación constante son los instrumentos que dan vida a esta obra maestra financiera.

La Fuerza Motriz: Transformando Logros en Ambiciones Nuevas

Al abrazar con profundidad la identificación de metas a corto y largo plazo, Lucía y Alejandro no solo construyen un mapa detallado de su futuro financiero, sino que también transforman cada logro en el impulso para nuevas ambiciones. Cada meta alcanzada actúa como un trampolín hacia el siguiente desafío financiero, cultivando una mentalidad de crecimiento y evolución constante.

Este enfoque estratégico no solo fortalece su colaboración en el presente, sino que también sienta las bases para un futuro financiero robusto y lleno de éxitos compartidos. La identificación cuidadosa de metas, tanto a corto como a largo plazo, se convierte así en el cimiento sobre el cual construirán un viaje financiero que refleje sus sueños más profundos y duraderos.

Estrategias para alinear metas individuales con metas

En la compleja danza de las aspiraciones individuales y compartidas, Lucía y Alejandro reconocen la importancia de alinear sus metas personales con aquellas que comparten como pareja. Este subpunto revela estrategias ingeniosas para crear una sincronía armoniosa entre sus sueños individuales y los objetivos que buscan alcanzar juntos.

Explorando las Metas Individuales: Diversidad en Aspiraciones

Cada individuo trae consigo un conjunto único de sueños y aspiraciones. Lucía y Alejandro, conscientes de la diversidad en sus metas personales, toman el tiempo necesario para explorar y comprender las aspiraciones individuales de cada uno. Ya sea el deseo de avanzar en la carrera profesional, emprender un proyecto creativo o dedicar tiempo a pasiones personales, esta exploración revela las facetas únicas de cada persona en la relación.

Identificación de Intersecciones: Puntos de Conexión Significativos

En el proceso de alinear metas individuales con metas compartidas, Lucía y Alejandro buscan conscientemente las intersecciones donde sus aspiraciones personales se entrelazan de manera significativa. Estos puntos de conexión actúan como puntos estratégicos donde pueden trabajar juntos para lograr objetivos que tengan un impacto positivo tanto en sus vidas individuales como en su relación.

Negociación y Compromiso: Forjando un Camino Común

La negociación se convierte en una habilidad clave en este proceso. Lucía y Alejandro, al comprender que algunas metas individuales pueden requerir ajustes para alinearse con los objetivos compartidos, practican la negociación y el compromiso. Este proceso no solo implica ceder en ciertos puntos, sino también encontrar soluciones creativas que permitan a ambos perseguir sus sueños personales sin socavar las metas conjuntas.

Creación de Metas Transversales: Sueños que Fortalecen la Unión

Una estrategia poderosa es la creación de metas transversales, aquellas que encapsulan los sueños individuales de ambos, tejiendo una red de objetivos que fortalecen su unión. Lucía y Alejandro identifican áreas donde sus metas personales se superponen naturalmente, permitiendo que la consecución de estas metas contribuya al progreso general de la pareja.

Apoyo Mutuo: El Pilar de los Sueños Compartidos

El apoyo mutuo se erige como el pilar fundamental en este proceso. Lucía y Alejandro reconocen que alinear metas individuales con metas compartidas no solo implica la colaboración activa, sino también brindar un apoyo constante mientras cada uno persigue sus aspiraciones. Este respaldo mutuo no solo fortalece la relación, sino que también se convierte en un motor que impulsa el logro de metas, creando una sinergia única entre sus sueños personales y colectivos.

Al adoptar estas estrategias, Lucía y Alejandro no solo encuentran un equilibrio armonioso entre sus metas individuales y compartidas, sino que también crean un entorno propicio para el crecimiento mutuo y el florecimiento de sus sueños conjuntos. Este enfoque proactivo hacia la alineación de metas demuestra ser esencial para construir un viaje financiero que refleje la riqueza y la diversidad de sus aspiraciones individuales y, al mismo tiempo, nutre la fortaleza de su relación compartida.

Capítulo 2:

Cuentas Conjuntas vs. Cuentas Individuales

Ventajas de cuentas conjuntas.

En la exploración de las ventajas de las cuentas conjuntas, Lucía y Alejandro se adentran en un terreno donde la toma de decisiones compartida se convierte en un eje fundamental de su viaje financiero.

Integración de Recursos: Un Enfoque Colaborativo

La integración de recursos se erige como un pilar clave al optar por cuentas conjuntas. Al combinar sus ingresos y activos en una cuenta compartida, Lucía y Alejandro dan vida a un enfoque colaborativo que no solo simplifica la gestión financiera, sino que también actúa como un reflejo tangible de su compromiso mutuo. En este crisol financiero compartido, la sinergia se convierte en la fuerza impulsora, fomentando una mentalidad de "nosotros" en la que las decisiones se toman considerando el bienestar conjunto.

Acceso Compartido: Flexibilidad y Comodidad

La disponibilidad de acceso compartido a sus recursos financieros se manifiesta como una herramienta valiosa. Más allá de facilitar transacciones conjuntas, este acceso brinda una flexibilidad dinámica para abordar gastos y contingencias financieras de manera eficiente. La capacidad de tomar decisiones en tiempo real fortalece la comunicación, permitiéndoles adaptarse a las necesidades cambiantes y gestionar sus recursos de manera óptima.

Simplificación de la Contabilidad: Un Camino Claro hacia el Control Financiero

La elección de cuentas conjuntas lleva consigo un beneficio adicional: la simplificación de la contabilidad. Lucía y Alejandro, al consolidar sus recursos, reducen la complejidad asociada con el seguimiento de múltiples cuentas individuales. Esta simplificación no solo ahorra tiempo, sino que también traza un camino claro hacia el control financiero conjunto. Con menos distracciones contables, están mejor equipados para enfocarse en la toma de decisiones informadas y estratégicas que respaldan su bienestar financiero compartido.

Estos aspectos resaltan cómo las cuentas conjuntas van más allá de la simple gestión de fondos compartidos. Se convierten en la estructura que sustenta no solo la eficiencia financiera, sino también la solidez de su relación, fusionando sus trayectorias económicas en un viaje compartido hacia el éxito.

Transparencia en los gastos.

La transparencia en los gastos no es simplemente un concepto superficial; es un proceso de desentrañar las capas de comprensión entre Lucía y Alejandro. Al optar por cuentas conjuntas, no solo comparten gastos, sino que también se sumergen en la profundidad de cómo cada centavo contribuye a su vida cotidiana y a sus metas financieras. Este nivel de detalle no solo fortalece su comprensión mutua, sino que también crea una base sólida para la toma de decisiones compartida.

En este contexto, la transparencia en los gastos actúa como un vistazo claro a las finanzas compartidas. Cada transacción se convierte en un hilo en el tapiz de su viaje financiero, permitiéndoles no solo rastrear el flujo de dinero, sino también comprender las decisiones detrás de cada gasto. Este entendimiento detallado no solo simplifica la gestión financiera, sino que también fomenta una conexión más profunda, ya que ambos se sumergen en las complejidades y las alegrías de sus elecciones financieras compartidas.

Construyendo Confianza a Través de la Visibilidad Completa

La transparencia en los gastos es, en esencia, una herramienta para construir confianza. Al abrir sus libros financieros de manera completa y honesta, Lucía y Alejandro eliminan posibles fuentes de desconfianza y malentendidos. Este nivel de apertura no solo fomenta una comunicación más sólida, sino que también establece un terreno fértil para la toma de decisiones conjunta basada en la confianza mutua.

La Transparencia como Puente hacia la Conciencia Financiera

Más allá de la confianza, la transparencia en los gastos actúa como un puente hacia una mayor conciencia financiera. Al conocer los detalles de cada transacción, Lucía y Alejandro no solo tienen una visión clara de dónde se destinan sus fondos, sino que también pueden identificar patrones de gastos, áreas de mejora y oportunidades de ahorro. Este conocimiento detallado no solo impulsa la eficacia en la administración financiera, sino que también nutre una comprensión más profunda de cómo sus elecciones individuales impactan en sus metas compartidas.

En conclusión, la transparencia en los gastos se convierte en un viaje hacia el corazón mismo de su conexión financiera. Cada detalle compartido no solo contribuye a una gestión financiera eficiente, sino que también actúa como un vínculo que fortalece la base de su relación económica compartida.

Facilita la planificación financiera conjunta.

La planificación financiera conjunta, impulsada por la elección de cuentas conjuntas, se revela como un proceso armonioso donde Lucía y Alejandro trabajan en tándem para alcanzar metas compartidas. Este aspecto va más allá de la simple transparencia en los gastos, adentrándose en cómo la colaboración financiera puede dar forma a un futuro económico sólido y compartido.

Cocreando el Futuro: Un Enfoque Colaborativo

La facilidad en la planificación financiera conjunta se traduce en la capacidad de Lucía y Alejandro para co-crear su futuro económico. Al compartir cuentas, no solo comparten gastos, sino también sueños, metas y aspiraciones. Este enfoque colaborativo se convierte en un catalizador para la toma de decisiones informada y mutuamente beneficiosa.

La planificación financiera conjunta también implica la creación de estrategias para alcanzar metas compartidas a corto y largo plazo. Lucía y Alejandro identifican no solo sus objetivos individuales, sino también aquellos que desean lograr juntos. Esta identificación precisa se convierte en la brújula que guía sus decisiones financieras diarias, alineando cada gasto y ahorro con el destino que han trazado juntos.

Un Espacio Seguro para Aspiraciones Financieras: Fomentando la Apertura

Al optar por cuentas conjuntas, Lucía y Alejandro crean un espacio seguro para hablar de finanzas y aspiraciones. Este ambiente de apertura se convierte en un terreno fértil para la discusión de metas a largo plazo, como la compra de una casa, la educación de los hijos o la jubilación. La facilidad en la planificación financiera conjunta no solo radica en la colaboración práctica, sino también en la construcción de un espacio donde ambos se sientan seguros para expresar sus aspiraciones y trabajar en conjunto para convertirlas en realidad.

Una Hoja de Ruta Dinámica: Adaptándose a los Cambios

La planificación financiera conjunta no es estática; es una hoja de ruta dinámica que evoluciona con el tiempo. Lucía y Alejandro, al trabajar en tándem, reconocen la importancia de adaptarse a los cambios en sus vidas y circunstancias. Este enfoque flexible se convierte en un escudo contra las sorpresas financieras y fortalece su capacidad para afrontar juntos los desafíos económicos.

En resumen, la facilidad en la planificación financiera conjunta, como resultado de elegir cuentas conjuntas, no solo implica coordinación práctica, sino también la creación de un espacio seguro para sueños compartidos. Es un proceso colaborativo que no solo guía el presente, sino que también forma el tejido mismo de un futuro económico compartido y exitoso.

Desventajas de cuentas conjuntas.

Al sumergirse en las desventajas de las cuentas conjuntas, Lucía y Alejandro se encuentran en un viaje reflexivo que va más allá de los obstáculos evidentes. Este tramo del camino financiero revela desafíos que, en lugar de ser obstáculos, se presentan como oportunidades para una comprensión más profunda y una gestión financiera más efectiva en pareja.

La Delicada Danza de la Colaboración Financiera

Dentro del contexto de las cuentas conjuntas, la colaboración financiera se manifiesta como una danza delicada entre dos individuos con perspectivas y experiencias únicas. Lucía y Alejandro descubren que el proceso de colaborar en decisiones económicas no siempre sigue una trayectoria lineal; implica ajustes, concesiones y una apertura constante a las necesidades cambiantes de ambos.

Equilibrando Intereses Individuales y Compartidos

La gestión financiera conjunta trae consigo la necesidad de equilibrar los intereses individuales con los objetivos compartidos. En este tramo del viaje, Lucía y Alejandro se enfrentan a la tarea de encontrar ese punto de equilibrio, donde ambos se sientan comprometidos y satisfechos con las decisiones tomadas en conjunto. Este proceso requiere paciencia, comunicación abierta y la voluntad de adaptarse a medida que evolucionan las circunstancias.

Aprendizaje a Través de Desafíos Compartidos

Los desafíos que emergen en el camino financiero de Lucía y Alejandro se convierten en lecciones valiosas. Cada obstáculo no solo es una oportunidad para resolver problemas, sino también para aprender más sobre las preferencias, valores y enfoques financieros de cada uno. Este aprendizaje continuo fortalece su conexión y les proporciona las herramientas necesarias para abordar desafíos futuros con confianza.

Fomentando una Comunicación Resiliente

La comunicación efectiva, una piedra angular en cualquier relación, se vuelve aún más crucial cuando se trata de la gestión financiera compartida. Lucía y Alejandro descubren que una comunicación resiliente no solo implica hablar sobre cifras y presupuestos, sino también explorar las emociones y expectativas asociadas con las decisiones económicas. Este enfoque integral fortalece su conexión y mejora la calidad de sus decisiones financieras conjuntas.

La Colaboración como Motor de Adaptación

A medida que enfrentan los desafíos de las cuentas conjuntas, Lucía y Alejandro experimentan cómo la colaboración se convierte en el motor que impulsa la adaptación. La disposición a ajustar enfoques y estrategias en función de las experiencias compartidas no solo mejora su resiliencia financiera, sino que también nutre una relación que evoluciona y se fortalece con el tiempo.

Posible pérdida de independencia financiera.

En el trayecto de explorar las desventajas de las cuentas conjuntas, Lucía y Alejandro se sumergen en una evaluación más profunda de la posible pérdida de independencia financiera. Este aspecto del viaje les lleva a reflexionar sobre los matices y complejidades de cómo la colaboración puede afectar la autonomía financiera individual y cómo esta afectación puede ser gestionada de manera equitativa.

Desentrañando los Miedos Asociados

La posibilidad de perder la independencia financiera suscita inquietudes y miedos que Lucía y Alejandro no pasan por alto. Se adentran en discusiones abiertas y honestas sobre las preocupaciones que podrían surgir al compartir cuentas, desde el temor a sentirse controlados hasta la incertidumbre sobre la capacidad de mantener decisiones financieras independientes. Este análisis no solo aborda los aspectos prácticos, sino que también explora las dimensiones emocionales y psicológicas vinculadas a la independencia financiera.

Explorando Escenarios Hipotéticos

Dentro de esta reflexión, Lucía y Alejandro juegan con escenarios hipotéticos que ilustran cómo la pérdida de independencia financiera podría manifestarse en situaciones cotidianas. Desde decisiones de gastos personales hasta inversiones individuales, se sumergen en un ejercicio mental que les permite anticipar posibles desafíos y, al mismo tiempo, idear estrategias preventivas para abordarlos.

La Importancia de la Negociación Activa

Ante la posibilidad de pérdida de independencia, Lucía y Alejandro descubren que la negociación activa se convierte en una herramienta esencial. Se sumergen en conversaciones que van más allá de la teoría y se enfrentan a la realidad de cómo establecer límites claros y acuerdos mutuos puede preservar la autonomía financiera. Este proceso no solo implica llegar a compromisos prácticos, sino también nutrir la comprensión y el respeto mutuo en relación con las necesidades individuales.

Estrategias para Preservar la Autonomía

Como respuesta a la posibilidad de pérdida de independencia, Lucía y Alejandro exploran estrategias concretas para preservar la autonomía en el contexto de cuentas conjuntas. Desde la asignación de presupuestos personales hasta la definición de áreas de responsabilidad financiera individual, desarrollan un conjunto de prácticas que equilibran la colaboración con la capacidad de tomar decisiones independientes.

Autonomía como Elemento Vital de la Colaboración

En última instancia, este análisis exhaustivo resalta que la autonomía financiera no solo puede coexistir con la colaboración, sino que también se convierte en un elemento vital que enriquece la gestión financiera conjunta. Lucía y Alejandro reconocen que preservar la capacidad de tomar decisiones financieras de manera individual fortalece la colaboración al agregar una capa de resiliencia y diversidad de perspectivas a la dinámica financiera compartida.

Manejo de desacuerdos sobre gastos.

Cuando Lucía y Alejandro exploran las aguas de las desventajas asociadas a las cuentas conjuntas, se encuentran con uno de los desafíos más comunes pero también más delicados: el manejo de desacuerdos sobre gastos. Este tramo del viaje no solo reconoce la realidad de que las diferencias de opinión pueden surgir, sino que también se sumerge en estrategias profundas y efectivas para gestionar estos desacuerdos y preservar la armonía financiera en pareja.

Desacuerdos Financieros: Una Realidad a Enfrentar

En la travesía de Lucía y Alejandro, se evidencia que los desacuerdos financieros son una realidad natural cuando se comparten responsabilidades económicas. La pareja, en un acto de valentía, decide enfrentar esta realidad de frente. Se sumergen en una conversación franca, reconociendo que las diferencias de opinión pueden surgir debido a prioridades diferentes, valores financieros distintos o simplemente a falta de comunicación efectiva. Esta apertura a enfrentar la realidad de los desafíos fortalece su capacidad para abordar estos problemas de manera proactiva.

La Importancia de la Comunicación Abierta

Ante la perspectiva de desacuerdos financieros, Lucía y
Alejandro subrayan la importancia de la comunicación abierta
y efectiva. No se limitan a reconocer que la comunicación es
clave, sino que profundizan en cómo establecer un espacio
seguro para discutir sobre gastos. Se exploran estrategias que
van más allá de la superficie, donde ambas partes se sientan no
solo escuchadas, sino también comprendidas. Este enfoque
proactivo no solo ayuda a prevenir conflictos innecesarios, sino
que también sienta las bases para abordar cualquier desacuerdo
de manera constructiva.

Estrategias para Enfrentar Desacuerdos Financieros

Lucía y Alejandro, comprometidos con fortalecer su gestión
financiera conjunta, se sumergen en la identificación de
estrategias prácticas para enfrentar desacuerdos financieros.
Van más allá de la teoría y se adentran en la práctica,
considerando la creación de un sistema de toma de decisiones
conjunto como una herramienta eficaz. Además, exploran la
implementación de períodos de reflexión antes de tomar
decisiones importantes como un método para asegurar que las
decisiones financieras se tomen con calma y claridad.

Negociación y Compromiso: Pilares Clave

Este tramo del viaje destaca la negociación y el compromiso como pilares clave para abordar desacuerdos financieros. Lucía y Alejandro descubren cómo la disposición para ceder en ciertos puntos y encontrar soluciones intermedias no solo resuelve desacuerdos inmediatos, sino que también fortalece la confianza mutua y la capacidad para enfrentar desafíos financieros futuros de manera colaborativa.

Crecimiento a Través de Desafíos

En última instancia, este análisis del manejo de desacuerdos financieros subraya que, si bien los desafíos son inevitables, también son oportunidades para el crecimiento personal y en pareja. Lucía y Alejandro reconocen que aprender a enfrentar y resolver desacuerdos financieros no solo mejora su relación, sino que también afianza su habilidad para trabajar en equipo hacia metas financieras comunes. A medida que avanzan en su viaje, comprenden que cada desacuerdo superado no solo es una victoria individual, sino una fortaleza añadida a los cimientos de su éxito financiero en pareja.

Consejos para encontrar el equilibrio.

En este tramo crucial de su viaje, Lucía y Alejandro se sumergen en la exploración de consejos fundamentales para encontrar el equilibrio en su gestión financiera conjunta. Este proceso no solo implica armonizar sus enfoques, sino también asegurarse de que cada decisión financiera contribuya al crecimiento y bienestar mutuo.

Comunicación Constante: El Pilar de la Colaboración Financiera

Una de las joyas descubiertas por Lucía y Alejandro es la importancia de mantener una comunicación constante en asuntos financieros. No se trata solo de discutir situaciones económicas periódicamente, sino de construir una comunicación financiera fluida que fluya naturalmente en su vida diaria. Esta práctica no solo promueve la transparencia, sino que también fortalece su conexión emocional a medida que comparten responsabilidades y decisiones financieras.

Roles Financieros Definidos: El Arte de la Especialización

Otro consejo que se revela en este tramo del viaje es la necesidad de roles financieros claramente definidos. Lucía y Alejandro se sumergen en la asignación de responsabilidades específicas, reconociendo que cada uno tiene habilidades y fortalezas únicas para aportar a la gestión financiera. Este enfoque no solo simplifica la toma de decisiones, sino que también permite que cada uno se especialice en áreas donde se sientan más competentes.

Metas Compartidas: El Faro que Guía Decisiones Cotidianas

A medida que avanzan, Lucía y Alejandro exploran la poderosa dinámica de establecer metas financieras compartidas. Este consejo no solo aborda la importancia de definir objetivos a corto y largo plazo, sino que también destaca cómo estas metas actúan como un faro que guía sus decisiones diarias. La pareja descubre que tener un horizonte claro fomenta una mayor alineación en su enfoque financiero conjunto.

Adaptabilidad como Virtud: La Fuerza de la Flexibilidad

En este tramo del viaje, la pareja aprende que la adaptabilidad es clave para mantener el equilibrio financiero. Se sumergen en la práctica de ajustar su enfoque según sea necesario, reconociendo que las circunstancias pueden cambiar con el tiempo. Este consejo no solo les permite adaptarse a nuevas situaciones, sino que también fortalece su capacidad para tomar decisiones financieras informadas y oportunas.

Cuidado Emocional en las Finanzas: Balanceando las Emociones con los Números

Finalmente, Lucía y Alejandro descubren el valor de cuidar su bienestar emocional mientras navegan las complejidades financieras. Este consejo destaca la importancia de reconocer y abordar las emociones asociadas con el dinero. Se sumergen en estrategias para mantener un equilibrio saludable entre las consideraciones financieras y el bienestar emocional de ambos, comprendiendo que las finanzas no solo son números, sino también un componente esencial de su bienestar general.

Así, este tramo del viaje no solo les proporciona consejos prácticos para encontrar el equilibrio en su gestión financiera conjunta, sino que también enfatiza la importancia de la adaptabilidad, la comunicación constante y el cuidado emocional en su viaje hacia el éxito financiero en pareja.

Definición de responsabilidades financieras individuales.

Dentro de la travesía hacia una gestión financiera conjunta exitosa, Lucía y Alejandro profundizan en la esencia de definir con claridad las responsabilidades financieras individuales. Este consejo, lejos de ser un simple marco organizativo, emerge como los cimientos sólidos sobre los cuales construirán su visión compartida del éxito financiero.

Identificación de Fortalezas y Especialización: Un Enfoque Estratégico

En este punto crucial, la pareja se embarca en un viaje de autodescubrimiento y reconocimiento de habilidades únicas. Se dan cuenta de que al identificar y capitalizar sus fortalezas individuales, no solo simplifican la toma de decisiones, sino que también inauguran un enfoque estratégico basado en la especialización. Esta especialización no solo incrementa la eficiencia, sino que también establece un terreno propicio para la excelencia en aspectos financieros específicos.

Equilibrio de Cargas de Trabajo: Forjando una Alianza Equitativa

Otro matiz fundamental que surge en este punto es la importancia de mantener un equilibrio equitativo en la distribución de las cargas de trabajo financieras. Lucía y Alejandro exploran cómo compartir responsabilidades de manera justa no solo alivia la presión individual, sino que también fortalece su alianza financiera. Este equilibrio no solo es una estrategia práctica, sino también un testimonio tangible de su compromiso mutuo con el éxito compartido.

Complementariedad de Habilidades: Un Enfoque Holístico hacia las Finanzas

Adicionalmente, Lucía y Alejandro reconocen la complementariedad de habilidades como un activo clave en la definición de responsabilidades. Se sumergen en la comprensión de que, al aprovechar sus habilidades únicas, construyen un sistema financiero holístico. Este enfoque no solo les permite abordar diversas áreas financieras de manera efectiva, sino que también fomenta un sentido de colaboración basado en la confianza mutua y la apreciación de las contribuciones individuales.

Evaluación Continua y Ajuste: La Flexibilidad como Virtud

En este punto del viaje, la pareja aprende que la definición de responsabilidades financieras no es un contrato estático, sino más bien una guía adaptable. Se sumergen en la práctica de revisar y ajustar periódicamente las responsabilidades, comprendiendo que la flexibilidad es esencial para adaptarse a cambios en ingresos, metas y prioridades. Esta capacidad de ajuste continuo se convierte en un recurso valioso en su búsqueda constante de optimizar su gestión financiera.

Así, este consejo se manifiesta como un faro que ilumina el camino hacia una gestión financiera conjunta más efectiva, estableciendo cimientos sólidos y promoviendo la especialización, equidad, complementariedad y la capacidad de ajuste continuo.

Creación de un sistema de revisión y ajuste periódico.

En este tramo esencial de su travesía financiera compartida, Lucía y Alejandro se sumergen en la complejidad y la riqueza de la creación de un sistema de revisión y ajuste periódico. Este proceso se convierte en una danza continua, donde la estrategia financiera evoluciona en respuesta a las cambiantes mareas económicas y sus propias metas dinámicas.

Reflexión sobre Metas y Estrategias: Navegando por las Aguas de la Ambición Financiera

La pareja no solo realiza una revisión superficial de sus metas y estrategias; se sumerge en las profundidades de sus ambiciones financieras. Esta etapa se convierte en una oportunidad para una reflexión profunda, donde cada meta establecida se examina a la luz de las aspiraciones a largo plazo. Esta práctica no solo es una mirada retrospectiva, sino también un enfoque prospectivo, ajustando las velas para navegar hacia metas más ambiciosas.

Adaptabilidad en las Circunstancias: Bailando con la Incertidumbre y la Oportunidad

Un aspecto crucial de esta danza financiera es la adaptabilidad. Lucía y Alejandro reconocen que las circunstancias son cambiantes, y la flexibilidad se convierte en su aliada. La capacidad de ajuste se vuelve vital no solo para enfrentar lo desconocido sino también para capitalizar nuevas oportunidades. En este baile, la adaptabilidad se manifiesta como una fortaleza estratégica, permitiéndoles no solo sobrevivir sino también prosperar en un entorno financiero dinámico.

Comunicación Abierta y Diálogo Constructivo: Harmonizando Voces y Visiones

En este acto de la danza financiera, la pareja descubre la importancia de la comunicación abierta y el diálogo constructivo. La revisión periódica no es solo un ejercicio contable; es una plataforma para compartir pensamientos, preocupaciones y visiones individuales. Este diálogo constructivo no solo fortalece su comprensión mutua sino que también genera una armonía en su enfoque financiero conjunto, permitiendo que las voces individuales se fundan en una visión compartida.

Establecimiento de Hitos y Celebración de Logros: Los Crescendos de Logro Financiero

El componente de establecer hitos y celebrar logros agrega capas emocionales al baile financiero. Aquí, Lucía y Alejandro no solo ajustan estrategias, sino que también reconocen y celebran los hitos alcanzados. Esta celebración se convierte en los crescentes de su viaje financiero, infundiendo una energía renovada y un sentido de logro en cada paso.

En resumen, la creación de un sistema de revisión y ajuste periódico no solo es un ejercicio técnico: es una danza continua que refleja la evolución constante hacia la realización de sus metas compartidas. Cada movimiento en esta danza financiera es una expresión de su compromiso con un futuro financiero sólido y en armonía.

Capítulo 3:

Gastos Comunes

Estrategias para gestionar el pago de la vivienda.

En este tramo vital de su odisea financiera compartida, Lucía y Alejandro se sumergen en un análisis exhaustivo de estrategias ingeniosas para manejar el pago de la vivienda, una parte colosal de sus gastos compartidos. Este capítulo se erige como un faro guía, iluminando un camino lleno de decisiones financieras fundamentales que determinarán la solidez de su futuro económico.

Optimización de Recursos: Enfoque en Eficiencia Financiera

La optimización de recursos se convierte en la estrella polar que dirige los pasos de Lucía y Alejandro en su búsqueda de estrategias para gestionar los gastos de su vivienda. En esta travesía, no solo buscan reducir gastos de manera aislada, sino que adoptan una mentalidad de eficiencia financiera. Desde la elección de servicios hasta la búsqueda de maneras innovadoras de reducir costos sin sacrificar la calidad de vida, cada decisión está impregnada de un propósito claro: maximizar el valor de cada peso invertido.

Presupuestación Consciente: La Importancia de Asignar con Propósito

La pareja abraza la práctica de la presupuestación consciente como un arte que va más allá de asignar simplemente fondos a diferentes categorías. Aquí, cada peso asignado tiene un propósito deliberado y estratégico. Lucía y Alejandro se sumergen en la profunda comprensión de sus necesidades y prioridades, asegurándose de que cada decisión financiera esté alineada con sus metas compartidas. Esta fase no solo se trata de manejar los gastos actuales, sino de sembrar las semillas de una estabilidad financiera duradera.

Planificación a Largo Plazo: Creando un Cimiento Financiero Sólido

En este segmento, Lucía y Alejandro reconocen la trascendencia de la planificación a largo plazo en la gestión de los gastos habitacionales. Cada elección actual se convierte en un ladrillo que contribuye a la construcción de un cimiento financiero sólido para su futuro conjunto. Ajustan sus estrategias con una visión que va más allá del horizonte inmediato, asegurando que cada paso contribuya no solo a su estabilidad actual sino también a la prosperidad en los años venideros.

En síntesis, este punto del viaje financiero de Lucía y Alejandro no es solo un capítulo sobre cómo manejar los gastos de vivienda, sino una hoja de ruta detallada sobre cómo abrazar la eficiencia, asignar con propósito y construir un futuro financiero que resuene con estabilidad y prosperidad.

Alternativas para dividir los costos de la vivienda.

En el vasto paisaje de la vida compartida, Lucía y Alejandro no solo se enfrentan a la tarea de dividir los costos de su vivienda, sino que también exploran a fondo las alternativas que no solo facilitan la distribución de responsabilidades financieras sino que fomentan una colaboración económica más profunda.

Equidad Financiera: Un Enfoque Balanceado para la Distribución de Cargas

La equidad financiera se convierte en el faro que guía las decisiones de Lucía y Alejandro al abordar la distribución de los costos habitacionales. Más allá de la simple división proporcional, la pareja abraza un enfoque holístico que considera factores como ingresos individuales, metas financieras personales y la capacidad de cada uno para contribuir de manera justa. Este compromiso con la equidad no solo es un principio, sino una práctica arraigada que fortalece su asociación económica.

Modelos de Participación: Diseñando un Enfoque a la Medida de su Relación

Este tramo del viaje financiero no se detiene en la mera división de costos; es una exploración activa de cómo personalizar los modelos de participación. Lucía y Alejandro reconocen la unicidad de su relación y diseñan un enfoque que refleje su dinámica específica. Al considerar sus roles individuales, aspiraciones y valores financieros, crean un modelo que no solo es eficiente sino que también respeta y potencia su relación.

Colaboración a Largo Plazo: Más Allá de Soluciones Inmediatas

Este subcapítulo no solo se ocupa de estrategias momentáneas; es una búsqueda de soluciones que puedan resistir la prueba del tiempo. La colaboración financiera a largo plazo se convierte en la piedra angular de las decisiones de Lucía y Alejandro. Consideran no solo el presente, sino también el futuro, construyendo una base económica que no solo sea sostenible, sino que también evolucione y crezca con ellos.

Innovación Financiera: Explorando Nuevas Fronteras en la Colaboración Económica

En su viaje, Lucía y Alejandro no temen explorar nuevas fronteras en la colaboración económica. Más allá de los métodos convencionales, consideran innovaciones financieras que puedan fortalecer su asociación. Esto no solo se traduce en la gestión efectiva de los costos de vivienda, sino también en la búsqueda constante de maneras creativas de maximizar la eficiencia y el impacto de sus decisiones financieras.

Negociación de contratos de alquiler y préstamos hipotecarios.

En la travesía financiera de Lucía y Alejandro, la negociación de contratos de alquiler y préstamos hipotecarios se revela como un capítulo crucial. En este punto, la pareja no solo busca la optimización de los gastos residenciales inmediatos, sino que también trabaja diligentemente para construir un futuro financiero robusto y sostenible.

Maximizando Beneficios en el Alquiler: Una Danza de Estrategias Financieras

La negociación del contrato de alquiler se convierte en una danza estratégica para Lucía y Alejandro. No se limitan a aceptar términos predeterminados; en su lugar, exploran tácticas para maximizar los beneficios y reducir costos. Desde negociar la duración del contrato hasta evaluar las posibilidades de renovación, la pareja se sumerge en una serie de decisiones cuidadosamente planificadas. Esta aproximación estratégica no solo impacta su presupuesto mensual, sino que establece las bases para una gestión financiera residencial que refleje sus metas y valores compartidos.

Préstamos Hipotecarios Personalizados: Diseñando su Propio Camino Financiero

Cuando eligen la ruta de la propiedad, Lucía y Alejandro llevan su habilidad de negociación a la mesa de préstamos hipotecarios. Aquí, la pareja busca más que términos estándar; están diseñando su propio camino financiero. Desde la tasa de interés hasta las condiciones de pago, cada detalle se selecciona cuidadosamente para garantizar no solo la asequibilidad actual, sino también la alineación con sus metas financieras a largo plazo. Esta personalización no solo se traduce en ahorros a corto plazo, sino que establece un precedente para un enfoque financiero personalizado y sostenible.

Planificación a Largo Plazo: La Negociación como Acto de Previsión

La negociación de contratos de alquiler y préstamos hipotecarios no es simplemente un ejercicio de obtención de beneficios inmediatos; es un acto de previsión y planificación a largo plazo. Lucía y Alejandro, conscientes de que cada término acordado dejará una huella en su camino financiero, abordan estas negociaciones con una perspectiva futura. Desde cláusulas de flexibilidad hasta consideraciones para cambios en las circunstancias, la pareja se asegura de que cada acuerdo contribuya a la construcción de un futuro financiero sólido.

Empoderamiento Financiero Continuo: Más Allá de las Negociaciones Puntuales

Este segmento no se trata solo de negociaciones puntuales; es un acto de empoderamiento financiero continuo. Lucía y Alejandro entienden que cada negociación no solo influye en sus gastos residenciales actuales, sino que también modela el camino hacia su seguridad financiera a largo plazo. Este enfoque consciente no solo asegura acuerdos beneficiosos, sino que también fortalece su habilidad para enfrentar futuros desafíos financieros con confianza y solidez.

Distribución equitativa de las facturas.

En el intrincado viaje de Lucía y Alejandro hacia el éxito financiero compartido, la fase de distribución equitativa de las facturas emerge como un capítulo vital, lleno de desafíos estimulantes y oportunidades para consolidar su gestión financiera conjunta. Adentrémonos en este fascinante episodio donde la pareja, armada con resiliencia y estrategia, enfrenta obstáculos y fortalece los cimientos de su prosperidad financiera.

Enfrentando Desafíos Financieros: Estrategias para Mantener la Armonía

En el complejo tejido de la vida financiera en pareja, Lucía y Alejandro se encuentran con desafíos que, aunque pueden parecer intimidantes, se convierten en oportunidades para profundizar su conexión y fortalecer su gestión financiera conjunta. La distribución equitativa de las facturas no es simplemente una tarea administrativa; es un escenario donde la pareja despliega estrategias inteligentes para mantener la armonía.

En este contexto, la comunicación abierta emerge como el cimiento sobre el cual construyen su resiliencia financiera. Lucía y Alejandro aprenden a articular sus expectativas, a comprender las necesidades del otro y a abordar desafíos financieros con empatía. La clave es convertir los momentos de tensión en oportunidades para el diálogo constructivo, permitiendo que su relación florezca incluso en medio de desafíos económicos.

Forjando un Camino Sostenible: Adaptación a Circunstancias Cambiantes

El camino hacia una distribución equitativa de las facturas no solo implica superar desafíos puntuales, sino también forjar un camino sostenible que se adapte a las circunstancias cambiantes de la vida. Lucía y Alejandro, conscientes de la dinámica naturaleza de las finanzas y las relaciones, se sumergen en estrategias que les permiten ajustarse a estas transformaciones sin comprometer su estabilidad financiera.

La adaptabilidad se convierte en la brújula que guía a la pareja en la exploración de soluciones flexibles. Ante cambios en ingresos, gastos imprevistos o nuevas metas financieras, Lucía y Alejandro ajustan su enfoque, manteniendo siempre la mirada en un horizonte financiero que evoluciona con ellos. Esta habilidad para adaptarse no solo les brinda estabilidad a corto plazo, sino que también establece las bases para un futuro financiero sólido y duradero.

Reflexiones sobre la Distribución Equitativa: Un Pilón de Fortalezas Financieras

Al llegar al punto culminante de la distribución equitativa de las facturas, Lucía y Alejandro se sumergen en reflexiones profundas sobre este proceso que va más allá de lo transaccional. Es un pilar fundamental que fortalece las finanzas conjuntas al ofrecer aprendizajes valiosos y oportunidades para el crecimiento mutuo.

La pareja reconoce que este no es solo un ejercicio en la gestión eficiente de los recursos, sino un viaje conjunto donde se exploran aspectos más profundos de la confianza, el compromiso y la comprensión mutua. La distribución equitativa de las facturas se convierte en un símbolo de la fortaleza de su unión, consolidando su capacidad para superar cualquier desafío financiero que se interponga en su camino.

Creación de un presupuesto conjunto.

En el periplo financiero de Lucía y Alejandro, el manejo eficiente del pago de la vivienda emerge como una travesía que demanda estrategias ingeniosas y un enfoque unificado. Adentrémonos en este fascinante recorrido donde la pareja, guiada por la sabiduría financiera, navega por las olas de los gastos residenciales con destreza y visión a largo plazo.

Analizando las Alternativas: Diversificación en el Pago de la Vivienda

En su búsqueda de una gestión financiera conjunta sólida, Lucía y Alejandro se encuentran con la necesidad de analizar diversas alternativas para el pago de la vivienda. Esta fase no solo implica el desembolso mensual del alquiler o la hipoteca, sino la exploración de enfoques creativos para diversificar los costos asociados con su hogar.

Aquí, la pareja explora estrategias que van más allá del simple acto de pagar la renta o la hipoteca. Lucía y Alejandro consideran opciones como la negociación de contratos de alquiler, la exploración de programas hipotecarios favorables y la búsqueda de incentivos fiscales. Este enfoque estratégico no solo busca eficiencia financiera a corto plazo, sino que establece las bases para una inversión residencial inteligente.

La Importancia de un Presupuesto Residencial: Creando un Plan Financiero Sostenible

En el corazón de la gestión del pago de la vivienda yace la creación de un presupuesto residencial sólido. Lucía y Alejandro reconocen que este no es simplemente un ejercicio contable, sino una herramienta vital para garantizar que los gastos asociados con su hogar estén alineados con sus metas financieras a largo plazo.

La pareja se sumerge en la creación de un presupuesto que abarca todos los aspectos de los costos de la vivienda, desde servicios públicos hasta posibles reparaciones. Este enfoque holístico no solo les permite tener claridad sobre sus gastos mensuales, sino que también les proporciona la capacidad de anticipar y planificar para gastos inesperados. Así, Lucía y Alejandro construyen un plan financiero sostenible que no solo cubre las necesidades actuales, sino que también prepara el terreno para futuras inversiones y mejoras en su hogar.

Negociación de Contratos: Un Arte que Potencia la Estabilidad
Financiera

Dentro de la compleja red de la gestión del pago de la vivienda,
la negociación de contratos se erige como un arte que Lucía y
Alejandro perfeccionan. La pareja entiende que la capacidad de
asegurar condiciones favorables en contratos de alquiler o
hipotecas puede marcar una diferencia significativa en su
estabilidad financiera a largo plazo.

Lucía y Alejandro no solo se limitan a aceptar las condiciones
iniciales; se sumergen en el arte de la negociación, buscando
términos que reflejen sus necesidades y objetivos. Este enfoque
no solo les permite ahorrar dinero a corto plazo, sino que
también establece un precedente para futuras transacciones
financieras. La habilidad para negociar contratos se convierte
en una herramienta valiosa que, a lo largo del tiempo,
contribuye a la creación de un historial financiero robusto y
favorable.

La Planificación a Largo Plazo: Anticipando Cambios y
Oportunidades

En este capítulo de su travesía, Lucía y Alejandro adoptan una
perspectiva de planificación a largo plazo que va más allá de la
simple gestión mensual de los gastos de vivienda. La pareja se
sumerge en estrategias que les permiten anticipar cambios en

su situación financiera y aprovechar oportunidades que puedan surgir.

La planificación a largo plazo no solo implica la creación de un presupuesto residencial; también incluye la evaluación regular de su situación financiera general y la adaptación de su enfoque según sea necesario. Lucía y Alejandro comprenden que la flexibilidad y la anticipación son clave para mantener una estabilidad financiera duradera, especialmente en el contexto de los gastos residenciales.

Manejo de variaciones en los ingresos individuales.

En la travesía financiera de Lucía y Alejandro, la distribución equitativa de las facturas emerge como un componente esencial para mantener la armonía y la transparencia en su gestión financiera conjunta. Este episodio revela cómo la pareja enfrenta el desafío de equilibrar los gastos compartidos, asegurando que ambos contribuyan de manera justa y que la carga financiera se comparta de manera equitativa.

Compromiso con la Creación de un Presupuesto Conjunto: Fundamentos de la Distribución Equitativa

Lucía y Alejandro reconocen que la distribución equitativa de las facturas comienza con la creación de un presupuesto conjunto. Este ejercicio no solo establece las bases para una gestión financiera efectiva, sino que también proporciona una visión clara de los gastos compartidos y las responsabilidades financieras individuales.

La pareja se embarca en la creación de un presupuesto que abarca desde los gastos mensuales esenciales hasta las posibles contingencias. Al hacerlo, no solo definen límites claros para cada categoría de gastos, sino que también establecen un marco que les permite evaluar y ajustar periódicamente sus contribuciones. Este compromiso con la transparencia financiera sienta las bases para una distribución equitativa y evita posibles desacuerdos en el futuro.

Manejo de Variaciones en los Ingresos: Flexibilidad en la Distribución de Responsabilidades

En este capítulo, Lucía y Alejandro abordan la realidad de que los ingresos individuales pueden variar a lo largo del tiempo. La pareja reconoce la importancia de la flexibilidad al enfrentar fluctuaciones en los ingresos y cómo estas afectan la distribución de las facturas compartidas.

La estrategia de Lucía y Alejandro implica establecer un sistema que permita ajustar las contribuciones de cada uno según las circunstancias cambiantes. Esto no solo implica compartir los gastos en función de los ingresos actuales, sino también considerar proyecciones futuras y crear un plan para afrontar eventualidades como pérdida de empleo o cambios en la situación financiera individual.

Revisión y Ajuste Periódico: La Clave para una Distribución Equitativa Sostenible

La pareja reconoce que la distribución equitativa de las facturas no es un enfoque estático, sino un proceso dinámico que requiere revisión y ajuste periódico. Lucía y Alejandro establecen un compromiso mutuo de evaluar regularmente su situación financiera y ajustar sus contribuciones según sea necesario.

La revisión y ajuste periódico no solo implica cambiar las proporciones de contribución en función de cambios en los ingresos, sino también considerar factores como metas financieras compartidas y nuevas responsabilidades. Esta práctica garantiza que la distribución equitativa no se convierta en un obstáculo, sino más bien, en un componente adaptable y sostenible de su gestión financiera conjunta.

Transparencia y Comunicación Abierta: Pilares de una Distribución Equitativa Exitosa

En este episodio de su viaje financiero, Lucía y Alejandro reconocen que la transparencia y la comunicación abierta son pilares fundamentales para una distribución equitativa exitosa. La pareja cultiva un entorno en el cual se sienten cómodos compartiendo sus preocupaciones financieras, objetivos y desafíos.

El compromiso con una comunicación clara no solo previene malentendidos, sino que también fortalece la conexión emocional y la confianza mutua. Lucía y Alejandro aprenden que abordar las finanzas como equipo y mantener un diálogo constante es esencial para superar desafíos y construir un camino financiero conjunto sólido.

Capítulo 4:

Luz y Alquiler

Optimización de gastos en servicios básicos.

4.1 Optimización de Gastos en Servicios Básicos: Estrategias para una Vida más Sostenible y Económica

En la travesía financiera de Lucía y Alejandro, la optimización de gastos en servicios básicos se presenta como un capítulo crucial. Este episodio destaca las estrategias específicas que la pareja implementa para reducir los costos asociados con la electricidad, sin comprometer su calidad de vida.

El Enfoque Holístico hacia la Eficiencia Energética

Para Lucía y Alejandro, la eficiencia energética va más allá de simples trucos para reducir el consumo de electricidad; es un enfoque holístico que implica cambios de comportamiento y elecciones conscientes en el hogar. La pareja adopta hábitos sostenibles, como apagar dispositivos cuando no los utilizan y reemplazar bombillas convencionales por opciones más eficientes en consumo energético.

Este enfoque no solo impacta positivamente en la factura eléctrica, sino que también refleja la responsabilidad ambiental de Lucía y Alejandro, alineando sus decisiones financieras con sus valores personales y la sostenibilidad del planeta.

Exploración de Opciones Innovadoras para Reducir Costos

Lucía y Alejandro se aventuran más allá de las prácticas convencionales al explorar opciones innovadoras para reducir los costos de servicios básicos. Este capítulo detalla cómo la pareja investiga y adopta tecnologías y servicios que no solo disminuyen los gastos, sino que también contribuyen a un estilo de vida más ecológico.

La instalación de sistemas de energía renovable, como paneles solares, se convierte en una estrategia clave que no solo reduce la dependencia de la red eléctrica tradicional, sino que también genera ahorros significativos a largo plazo. Esta elección refleja la disposición de Lucía y Alejandro para invertir inicialmente en soluciones sostenibles que, con el tiempo, se traducen en beneficios financieros y ambientales.

Cambio de Paradigma: De Costos a Inversiones Sostenibles

En este episodio, Lucía y Alejandro experimentan un cambio de paradigma al ver los gastos en servicios básicos no como meros costos, sino como inversiones en un futuro más sostenible y económicamente viable. La pareja comprende que las decisiones financieras pueden ser simultáneamente beneficiosas para su bolsillo y para el medio ambiente.

Este enfoque innovador no solo se traduce en ahorros a corto plazo, sino que también posiciona a Lucía y Alejandro como pioneros en la adopción de prácticas financieras que abrazan la sostenibilidad. Este cambio de perspectiva resuena no solo en su viaje financiero, sino también como una inspiración para otros que buscan un enfoque más consciente y equilibrado hacia sus finanzas y el medio ambiente.

Consejos para reducir el consumo de energía.

En el viaje financiero de Lucía y Alejandro, la optimización de gastos en servicios básicos, en particular la gestión del consumo de energía, emerge como una estrategia clave para mejorar su salud financiera. Este episodio revela cómo la pareja aborda el desafío de reducir el gasto en servicios básicos, específicamente centrándose en el consumo de energía en su hogar.

Compromiso con la Eficiencia Energética

Lucía y Alejandro reconocen que una de las áreas donde pueden tener un impacto significativo en sus finanzas es el gasto en servicios básicos, como la electricidad. Su compromiso con la eficiencia energética comienza con la identificación de áreas en las que pueden reducir el consumo sin comprometer su calidad de vida.

Implementación de Prácticas Sostenibles

En este capítulo, la pareja comparte cómo implementa prácticas sostenibles en su vida diaria para reducir el consumo de energía. Desde pequeñas acciones, como apagar luces y electrodomésticos cuando no están en uso, hasta la adopción de tecnologías más eficientes, Lucía y Alejandro exploran diversas estrategias para optimizar su consumo de energía.

Exploración de Opciones de Proveedores

El viaje financiero de Lucía y Alejandro incluye la exploración de opciones de proveedores para obtener tarifas más bajas en servicios básicos. La pareja comparte sus experiencias al comparar tarifas, negociar con proveedores y, en última instancia, asegurar un costo más bajo para la energía que consumen en su hogar.

Conciencia del Impacto Ambiental

Lucía y Alejandro reconocen que su viaje hacia la eficiencia energética no solo beneficia sus finanzas, sino que también contribuye a la sostenibilidad ambiental. Este aspecto integral refleja cómo las decisiones financieras pueden alinearse con valores personales y contribuir al bienestar general.

Monitoreo Continuo y Ajuste

La optimización del consumo de energía no es simplemente una acción única para Lucía y Alejandro; es un proceso dinámico que implica monitoreo continuo y ajuste. La pareja destaca la importancia de evaluar periódicamente sus prácticas y hacer ajustes según sea necesario para asegurar una gestión financiera eficiente a largo plazo.

Reflejo de Principios Fundamentales

Este capítulo refleja cómo la eficiencia energética se convierte en un elemento clave en los principios fundamentales de Lucía y Alejandro para una gestión financiera del hogar sólida. A través de su compromiso con la eficiencia y el ahorro en servicios básicos, la pareja demuestra cómo las decisiones cotidianas pueden tener un impacto significativo en su salud financiera y en el entorno que los rodea.

Exploración de opciones de proveedores para obtener tarifas más bajas.

En este episodio clave del viaje financiero de Lucía y Alejandro, nos sumergimos en las estrategias que implementan para obtener tarifas más bajas por parte de sus proveedores de servicios básicos. Esta exploración minuciosa no solo busca optimizar los gastos mensuales, sino también brindar a la pareja un mayor control sobre sus costos y mejorar su capacidad para tomar decisiones informadas.

Análisis Detallado de Facturas y Tarifas: Comprendiendo los Componentes del Gasto

La pareja comienza su búsqueda de tarifas más bajas realizando un análisis exhaustivo de sus facturas de servicios básicos. Desglosan cada componente del gasto, desde la electricidad hasta el agua y el gas. Este enfoque detallado les permite entender no solo cuánto están pagando, sino también qué servicios consumen más recursos y, por lo tanto, cuáles pueden optimizar para reducir costos.

Lucía y Alejandro descubren que comprender las tarifas y los patrones de consumo es esencial para negociar con éxito con los proveedores. Este análisis no solo es una estrategia financiera, sino también un ejercicio educativo que aumenta la conciencia de la pareja sobre cómo utilizan los recursos en su hogar.

Investigación de Competidores y Comparación de Ofertas: Empoderamiento del Consumidor

La pareja no se conforma con las tarifas existentes; se embarcan en una investigación exhaustiva de los competidores en el mercado. Lucía y Alejandro comparan las ofertas de diversos proveedores, analizando no solo los precios, sino también los servicios adicionales y las condiciones contractuales. Este enfoque no solo les brinda la posibilidad de obtener tarifas más bajas, sino que también empodera a la pareja como consumidores informados.

La capacidad de comparar ofertas y entender las opciones disponibles se convierte en una herramienta valiosa para Lucía y Alejandro. Este ejercicio no solo es parte de su estrategia financiera, sino también un ejemplo de cómo la investigación y la comparación son prácticas efectivas para obtener beneficios económicos tangibles.

Negociación Directa con Proveedores: Establecimiento de Relaciones Beneficiosas

Armados con conocimientos detallados y ofertas competitivas, Lucía y Alejandro se lanzan a la negociación directa con sus proveedores actuales. Este proceso no solo implica buscar tarifas más bajas, sino también explorar posibles descuentos o paquetes personalizados que se adapten mejor a sus necesidades.

La pareja descubre que la negociación directa no solo es una herramienta para reducir costos, sino también una oportunidad para construir relaciones beneficiosas con sus proveedores. La apertura al diálogo y la búsqueda de soluciones mutuamente beneficiosas demuestran que la negociación no se trata solo de obtener lo que quieren, sino también de construir colaboraciones a largo plazo.

Ahorro en el alquiler y facturas de servicios.

En la travesía financiera de Lucía y Alejandro, el capítulo que aborda el ahorro en el alquiler y las facturas de servicios se convierte en un punto crucial para la construcción de su éxito financiero conjunto. Este episodio no solo destaca estrategias específicas para optimizar estos aspectos clave, sino que también profundiza en la mentalidad y los cambios de comportamiento que la pareja adopta para lograr un impacto duradero en su gestión financiera.

Exploración Cuidadosa de Opciones para Reducir Gastos de Vivienda

En su empeño por fortalecer sus cimientos financieros, Lucía y Alejandro realizan una exhaustiva exploración de opciones para reducir los gastos asociados con la vivienda. Más allá de la renegociación del alquiler, la pareja considera una variedad de enfoques creativos. Exploran la posibilidad de mudarse a áreas con costos de alquiler más asequibles, investigan programas gubernamentales de asistencia para vivienda o incluso evalúan la factibilidad de opciones de vivienda alternativas. Este enfoque meticuloso resalta su compromiso no solo con el ahorro inmediato, sino con la construcción de una estrategia de vivienda a largo plazo que se alinee con sus objetivos financieros compartidos.

Minimización Inteligente de Gastos en Facturas de Servicios

Lucía y Alejandro no pasan por alto el impacto de las facturas de servicios en su presupuesto mensual. En este episodio, se sumergen en estrategias detalladas para minimizar estos gastos sin comprometer su calidad de vida. Además de las prácticas convencionales de ahorro, como apagar luces innecesarias o reducir el tiempo de uso de electrodomésticos, la pareja incorpora cambios más significativos. Investigan opciones de proveedores de servicios que ofrecen tarifas más competitivas, evalúan la posibilidad de instalar tecnologías eficientes en el hogar y consideran inversiones a corto plazo que resultarán en ahorros sostenibles a lo largo del tiempo.

Cambio de Paradigma: Del Gasto a la Inversión en Ahorro

Lo que distingue este episodio es la transformación de la mentalidad de Lucía y Alejandro en relación con los gastos de vivienda y servicios. Más allá de considerar estas partidas como simples gastos, la pareja las ve como oportunidades de inversión en su futuro financiero. Esta perspectiva innovadora los impulsa a tomar decisiones más informadas y a implementar cambios que no solo generan ahorros a corto plazo, sino que también establecen un patrón de gestión financiera inteligente y sostenible a largo plazo.

Estrategias para renegociar el alquiler.

En el continuo viaje financiero de Lucía y Alejandro, la estrategia de renegociación del alquiler emerge como una herramienta poderosa para optimizar sus gastos habitacionales. Este episodio no solo se adentra en las tácticas específicas que la pareja emplea para asegurar un acuerdo favorable, sino que también destaca la importancia de la preparación y la comunicación efectiva en el proceso de negociación.

Investigación Detallada: Clave para una Renegociación Exitosa

Conscientes de que el alquiler es uno de los mayores gastos mensuales, Lucía y Alejandro se embarcan en una investigación detallada antes de abordar la renegociación.

Estudian el mercado local para comprender las tendencias de precios y las ofertas competitivas. Esta investigación les proporciona un conocimiento profundo que les permite establecer un punto de partida sólido para la negociación.

Preparación Integral: Más Allá de los Números

No limitándose a la preparación financiera, Lucía y Alejandro reconocen la importancia de una preparación integral que va más allá de los números. En este episodio, profundizan en la creación de un caso sólido que respalde su solicitud de reducción del alquiler. Esto incluye la presentación de argumentos sobre mejoras en el mantenimiento del hogar, referencias de buena conducta como inquilinos y cualquier inversión realizada por su cuenta para mejorar la propiedad. Al abordar la negociación de manera holística, la pareja demuestra su enfoque estratégico para maximizar el impacto de esta decisión financiera.

Habilidades de Comunicación: La Clave del Éxito en la Negociación

El episodio destaca cómo Lucía y Alejandro perfeccionan sus habilidades de comunicación para garantizar una negociación efectiva. Desde la claridad en la expresión de sus necesidades hasta la capacidad de escuchar y comprender la perspectiva del arrendador, la pareja demuestra un enfoque colaborativo.

Además, reconocen la importancia de mantener un tono respetuoso y constructivo durante la negociación para cultivar una relación armoniosa con el propietario.

Flexibilidad y Compromiso: Elementos Esenciales de la Renegociación Exitosa

A medida que avanzan en la negociación, Lucía y Alejandro muestran flexibilidad y compromiso. Están dispuestos a encontrar soluciones que beneficien tanto a ellos como al arrendador. Esta flexibilidad les permite ajustar sus expectativas y encontrar un punto medio que sea aceptable para ambas partes. Además, el compromiso con mantener una comunicación abierta durante todo el proceso fortalece la relación con el propietario y sienta las bases para futuras interacciones positivas.

Implementación de prácticas de ahorro de energía.

En este fascinante episodio del viaje financiero de Lucía y Alejandro, exploramos a fondo la implementación de prácticas de ahorro de energía como un componente esencial para optimizar sus gastos mensuales en servicios básicos. La pareja, consciente de la importancia de la eficiencia y la sostenibilidad, se sumerge en estrategias detalladas que no solo impactan positivamente su presupuesto, sino que también reflejan su compromiso con la responsabilidad ambiental.

Auditoría Energética en el Hogar: Identificación de Oportunidades de Ahorro

El capítulo comienza con una detallada auditoría de energía en el hogar de Lucía y Alejandro. Esta pareja meticulosa revisa cada rincón de su espacio vital, evaluando el rendimiento de sus electrodomésticos, sistemas de iluminación y opciones de climatización. Identifican oportunidades de ahorro al reconocer dispositivos obsoletos y áreas de mejora. Este análisis exhaustivo sienta las bases para una estrategia de ahorro personalizada y efectiva.

Inversiones Inteligentes: Tecnología y Prácticas Eco-Amigables

Una vez identificadas las áreas de mejora, Lucía y Alejandro toman decisiones informadas sobre inversiones inteligentes. Este episodio destaca su enfoque en la adquisición de electrodomésticos de última generación con calificaciones de eficiencia energética destacadas. Además, exploran tecnologías eco-amigables, como sistemas de iluminación LED y termostatos inteligentes. Aunque estas inversiones inicialmente requieren un desembolso, la pareja reconoce el valor a largo plazo de estas decisiones, que no solo reducen las facturas mensuales, sino que también disminuyen su huella de carbono.

Cambio de Hábitos Cotidianos: Pequeñas Acciones, Grandes Impactos

El capítulo continúa explorando cómo Lucía y Alejandro incorporan cambios significativos en sus hábitos diarios para maximizar la eficiencia energética. Desde prácticas simples, como apagar dispositivos electrónicos no utilizados, hasta ajustes en la temperatura y la iluminación, la pareja demuestra cómo pequeñas acciones pueden tener un impacto significativo en los gastos mensuales. Este enfoque no solo es financiero, sino que también refleja su compromiso con un estilo de vida más sostenible y consciente.

Educación Continua: La Clave para un Ahorro Duradero

Una de las lecciones clave de este episodio es la importancia de la educación continua. Lucía y Alejandro reconocen que mantenerse informados sobre las últimas tecnologías y prácticas de eficiencia energética es esencial para un ahorro duradero. Participan activamente en programas educativos, asisten a talleres y se mantienen al tanto de las innovaciones en el campo. Esta dedicación a la educación les permite estar a la vanguardia de las mejores prácticas y garantiza que su estrategia de ahorro sea siempre relevante y efectiva.

Capítulo 5:

Costos Diarios y Mensuales

Presupuestar para alimentos y necesidades diarias.

Dentro de la amplia travesía financiera de Lucía y Alejandro, el capítulo dedicado a la asignación de recursos para alimentos y necesidades diarias despliega un enfoque meticuloso y consciente. La pareja aborda esta área crucial de sus finanzas con estrategias específicas destinadas a garantizar la estabilidad financiera mientras cubren sus necesidades básicas.

Planificación de Gastos en Alimentos: Estableciendo Límites y Metas Claras

En este contexto, Lucía y Alejandro reconocen la importancia crítica de establecer límites claros para los gastos en alimentos y necesidades diarias. Más que simplemente detenerse en un presupuesto detallado, optan por establecer un límite general que les proporciona flexibilidad para adaptarse a las variaciones en los precios y las necesidades cambiantes. Este enfoque no solo les brinda adaptabilidad, sino que también les permite tomar decisiones informadas sobre qué y cuánto comprar en función de sus objetivos financieros.

Además, la pareja ha adoptado un enfoque proactivo hacia la planificación consciente en sus compras. Antes de dirigirse al supermercado o realizar pedidos en línea, identifican las cantidades y tipos de productos que necesitan, evitando compras impulsivas y reduciendo el desperdicio de alimentos. Esta estrategia no solo contribuye a la eficiencia financiera, sino que también refleja su compromiso con prácticas sostenibles y ecológicas.

Estrategias para Garantizar la Estabilidad Financiera: Compras con Inteligencia y Conciencia

Lucía y Alejandro despliegan una serie de estrategias cuidadosas que les permiten equilibrar el presupuesto mientras garantizan la estabilidad financiera en sus compras diarias. Con sabiduría, exploran opciones de marcas y productos que ofrecen una excelente relación calidad-precio, permitiéndoles maximizar el valor de cada compra. Su enfoque constante de elegir productos de alta calidad a precios accesibles se convierte en una táctica fundamental para gestionar eficazmente su presupuesto.

Además, la pareja aprovecha activamente programas de lealtad, descuentos y ofertas especiales. Utilizan tarjetas de recompensas y participan en promociones, generando ahorros adicionales y, a veces, obteniendo beneficios adicionales. Esta estrategia no solo se traduce en un impacto financiero positivo, sino que también demuestra la importancia de la planificación y la inteligencia en las decisiones de compra.

Creación de un presupuesto para compras de comestibles.

Dentro del complejo entramado de la gestión financiera de Lucía y Alejandro, la creación de un presupuesto dedicado a las compras de comestibles emerge como un pilar fundamental. Este episodio revela cómo la pareja aborda de manera estratégica y consciente la alimentación diaria, fusionando la satisfacción de necesidades nutricionales con un enfoque financiero que optimiza cada gasto.

Definiendo Metas y Prioridades: Base del Presupuesto

La pareja reconoce que la creación de un presupuesto para compras de comestibles comienza con la definición clara de metas y prioridades. En este proceso, identifican no solo las necesidades nutricionales básicas sino también sus preferencias personales y valores alimentarios. Esta etapa inicial no solo establece límites financieros claros sino que también brinda dirección a sus elecciones alimentarias, alineándolas con sus objetivos financieros y de bienestar.

Lucía y Alejandro llevan a cabo una evaluación exhaustiva de sus hábitos alimentarios, identificando categorías de productos esenciales y áreas donde pueden permitirse cierta flexibilidad.

Esta segmentación facilita la asignación de recursos financieros de manera eficiente, asegurando que los gastos se alineen con sus objetivos nutricionales y presupuestarios.

Exploración y Planificación: Estrategias para Maximizar Recursos

El proceso de creación del presupuesto para compras de comestibles implica una fase de exploración y planificación detallada. La pareja se sumerge en la investigación de ofertas, comparación de precios y búsqueda de descuentos aplicables a productos específicos. Esta estrategia no solo les permite maximizar su poder adquisitivo sino que también fomenta la diversidad en su alimentación, ya que pueden incorporar una variedad de productos sin comprometer su presupuesto.

La planificación se convierte en una herramienta clave para evitar compras impulsivas y decisiones no planificadas. Lucía y Alejandro establecen un menú semanal que se alinea con su presupuesto y metas nutricionales. Este enfoque no solo evita desperdicios y compras innecesarias, sino que también les brinda una estructura para seguir durante sus visitas al supermercado.

Monitoreo y Adaptación: Flexibilidad en el Presupuesto

La gestión financiera efectiva implica un monitoreo constante y una adaptación a las circunstancias cambiantes. Lucía y Alejandro aplican esta filosofía al presupuesto para compras de comestibles. Establecen un sistema para rastrear sus gastos en alimentos y evaluar periódicamente su eficacia.

En caso de cambios en sus ingresos o necesidades alimentarias, la pareja ajusta su presupuesto en consecuencia. Esta flexibilidad no solo refleja su capacidad para adaptarse a diferentes situaciones, sino que también garantiza que su presupuesto para alimentos sea un recurso dinámico que evoluciona con ellos a lo largo de su viaje financiero.

Reflejo de Valores y Conexión con el Entorno

La creación de un presupuesto para compras de comestibles no es simplemente una tarea financiera para Lucía y Alejandro; es una manifestación de sus valores y una conexión con el entorno que les rodea. La pareja, consciente de la importancia de apoyar prácticas sostenibles y locales, integra estas consideraciones en sus decisiones de compra de alimentos.

Optan por productos frescos y locales siempre que sea posible, no solo respaldando a productores locales sino también reduciendo su huella ambiental. Este enfoque no solo fortalece su conexión con la comunidad sino que también enfatiza cómo las decisiones financieras cotidianas pueden tener un impacto más allá de sus propias vidas.

Estrategias para ahorrar en compras diarias.

Dentro del complejo tejido financiero que Lucía y Alejandro construyen, surge la gestión eficiente de las compras diarias como un elemento clave para optimizar su presupuesto. La pareja, consciente de la importancia de cada decisión de compra, ha desarrollado estrategias sólidas que les permiten no solo satisfacer sus necesidades cotidianas sino también maximizar el valor de cada centavo invertido.

Selección Consciente de Productos: Calidad y Precio en Equilibrio

Lucía y Alejandro han perfeccionado el arte de seleccionar productos de manera consciente, priorizando la calidad sin comprometer la eficiencia financiera. Esta práctica no solo implica la elección de marcas confiables, sino también la consideración de la durabilidad y el valor a largo plazo de cada artículo adquirido. Este enfoque les permite no solo ahorrar en el corto plazo, sino también minimizar el desperdicio al optar por productos que resisten el paso del tiempo.

La pareja destaca la importancia de realizar una evaluación cuidadosa de las opciones disponibles en el mercado. Al comprender las características y beneficios de cada producto, toman decisiones informadas que no solo optimizan sus gastos diarios, sino que también respaldan un estilo de vida más sostenible y consciente del consumo.

Aprovechamiento de Descuentos y Ofertas Especiales: Maximizando el Impacto Financiero

La astucia financiera de Lucía y Alejandro brilla al aprovechar descuentos, ofertas especiales y programas de lealtad. Su participación activa en promociones, el uso estratégico de tarjetas de recompensas y la exploración constante de oportunidades les proporcionan beneficios adicionales y descuentos significativos. Este enfoque no solo se traduce en ahorros inmediatos en sus compras diarias, sino que también les permite acumular ventajas a largo plazo.

La pareja adopta una mentalidad proactiva al investigar y comparar precios antes de realizar compras significativas. Este hábito les brinda una visión clara de las mejores ofertas disponibles, permitiéndoles tomar decisiones informadas y alineadas con su presupuesto. Además, demuestran la importancia de la paciencia y la planificación al esperar momentos propicios para realizar compras más costosas, maximizando así su poder adquisitivo.

Conciencia Ambiental y Sostenibilidad: Factores Adicionales en las Decisiones de Compra

Además de considerar la calidad y los aspectos financieros, Lucía y Alejandro integran la conciencia ambiental en sus decisiones de compra. Optan por productos y marcas comprometidos con prácticas sostenibles, contribuyendo así a un consumo más responsable y ético. Este enfoque no solo refuerza su compromiso con valores personales, sino que también abre la puerta a la posibilidad de apoyar empresas alineadas con prácticas éticas y responsables.

Impacto en la Rutina Diaria: Satisfacción de Necesidades y Más Allá

La aplicación de estas estrategias tiene un impacto tangible en la rutina diaria de Lucía y Alejandro. Además de satisfacer sus necesidades básicas, estas decisiones inteligentes les brindan la tranquilidad de saber que están maximizando su presupuesto y contribuyendo a un estilo de vida más sostenible. Este enfoque no solo tiene beneficios financieros, sino que también fortalece su conexión con valores compartidos y una visión de un futuro más consciente y equilibrado.

En conclusión, las estrategias de Lucía y Alejandro para ahorrar en sus compras diarias trascienden la simple gestión de gastos. Reflejan una mentalidad informada y estratégica que no solo optimiza su presupuesto sino que también respalda sus valores personales y una visión a largo plazo de un estilo de vida sostenible y consciente.

Consejos para reducir gastos cotidianos.

En este fascinante capítulo de su viaje financiero, Lucía y Alejandro comparten valiosos consejos que han incorporado de manera activa en su rutina diaria, llevando a cabo una reducción significativa de gastos sin comprometer la calidad de vida. Estos consejos prácticos revelan un enfoque pragmático y equilibrado hacia la gestión cotidiana de recursos financieros.

Optimización de Compras: Estrategias para Obtener Más por Menos

Uno de los pilares clave en la estrategia de Lucía y Alejandro es la optimización de compras. Exploran opciones de productos de calidad a precios más accesibles, aprovechando descuentos, ofertas y promociones. Este enfoque inteligente les permite maximizar el valor de cada gasto, garantizando que cada compra contribuya de manera efectiva a sus objetivos financieros.

Planificación de Menús: Redefiniendo la Alimentación con Eficiencia

La pareja aborda los gastos alimentarios mediante una cuidadosa planificación de menús. Elaboran menús semanales que se alinean con sus metas financieras y nutricionales. Esta estrategia no solo reduce el gasto en alimentos, sino que también elimina la necesidad de compras impulsivas y garantiza una gestión eficiente de los recursos disponibles.

Negociación Inteligente: Ahorro en Gastos Recurrentes

Lucía y Alejandro aplican tácticas de negociación inteligente para reducir gastos recurrentes. Negocian contratos de servicios como seguros, telefonía e internet, buscando obtener tarifas más competitivas. Esta habilidad de negociación les permite mantener costos bajos sin sacrificar la calidad de los servicios esenciales.

Hábitos de Consumo Consciente: Minimizando Gastos Innecesarios

La pareja practica hábitos de consumo consciente, evaluando regularmente sus gastos para identificar áreas donde pueden reducirse. Eliminan gastos innecesarios y canalizan esos recursos hacia metas financieras más significativas. Este enfoque proactivo hacia la gestión de gastos refleja su compromiso con una vida financiera más consciente y equilibrada.

Segunda Vida para Bienes: Redefiniendo el Consumo Responsable

Otra estrategia clave es dar una segunda vida a bienes. Lucía y Alejandro adoptan un enfoque de consumo responsable, comprando productos de segunda mano cuando es posible y contribuyendo a la reducción de residuos. Esta práctica no solo disminuye los gastos, sino que también refleja su compromiso con prácticas sostenibles.

Educación Financiera Continua: Empoderamiento a Través del Conocimiento

La educación financiera continua es una piedra angular en el enfoque de Lucía y Alejandro. Se mantienen informados sobre nuevas oportunidades de ahorro, estrategias financieras y cambios en el mercado. Este compromiso con el conocimiento les permite tomar decisiones financieras más informadas y adaptarse eficientemente a las condiciones cambiantes.

Estos consejos prácticos no solo ilustran la efectividad de su enfoque, sino que también resaltan la importancia de la flexibilidad y la adaptabilidad en la gestión financiera cotidiana. La pareja demuestra que, con planificación estratégica y hábitos financieros conscientes, es posible reducir gastos cotidianos sin sacrificar la calidad de vida.

Identificación de gastos innecesarios.

En este segmento clave de su recorrido financiero, Lucía y Alejandro comparten estrategias específicas que han aplicado con éxito para maximizar ahorros en los gastos cotidianos. Estas tácticas prácticas no solo han fortalecido su posición financiera, sino que también han creado hábitos sostenibles para el manejo eficiente de recursos.

Reevaluación Regular de Gastos: Un Enfoque Proactivo

Lucía y Alejandro destacan la importancia de la reevaluación constante de gastos. Regularmente revisan sus estados de cuenta y recibos para identificar áreas donde se pueden realizar ajustes. Este enfoque proactivo no solo les permite detectar posibles gastos superfluos, sino que también les brinda la oportunidad de adaptarse rápidamente a cambios en sus necesidades y prioridades financieras.

Programas de Recompensas y Lealtad: Obtener Beneficios Adicionales

La pareja ha integrado programas de recompensas y lealtad en su estilo de vida financiero. Utilizan tarjetas de crédito que ofrecen puntos o cashback, maximizando así los beneficios en cada compra. Este enfoque les permite obtener un valor adicional por sus gastos cotidianos, convirtiendo las compras regulares en oportunidades para acumular beneficios financieros.

Compras a Granel: Ahorro a Largo Plazo

La compra a granel se ha convertido en una estrategia fundamental para Lucía y Alejandro. Adquieren productos no perecederos en grandes cantidades, aprovechando descuentos por volumen. Este enfoque no solo reduce el costo unitario de los productos, sino que también disminuye la frecuencia de compras, generando ahorros significativos a lo largo del tiempo.

Estrategia de Cupones y Descuentos: Ahorro en Cada Compra

Otro componente esencial en su arsenal financiero es la utilización estratégica de cupones y descuentos. La pareja investiga y aprovecha ofertas promocionales, cupones digitales y programas de fidelidad de tiendas. Esta táctica les permite reducir el costo de productos y servicios sin sacrificar la calidad, demostrando que la planificación previa puede traducirse en ahorros sustanciales.

Establecimiento de Prioridades: Enfoque en Necesidades Esenciales

Lucía y Alejandro han adoptado un enfoque disciplinado al establecer prioridades en sus gastos cotidianos. Identifican y aseguran la cobertura de necesidades esenciales antes de considerar gastos no esenciales. Este enfoque les proporciona claridad sobre dónde asignar recursos de manera más efectiva, evitando gastos impulsivos y asegurando que cada desembolso contribuya a sus metas financieras.

Automatización de Ahorros: Construcción de un Futuro Financiero Sólido

La automatización de ahorros es una práctica que ha demostrado ser eficaz para Lucía y Alejandro. Configuran transferencias automáticas a cuentas de ahorro específicas después de cada salario recibido. Este enfoque garantiza que una parte predeterminada de sus ingresos se destine directamente al ahorro, cultivando así una mentalidad de ahorro sistemático y sostenible.

Implementación de hábitos de consumo consciente.

En este segmento, exploraremos las estrategias que Lucía y Alejandro han implementado para fortalecer la resiliencia financiera frente a desafíos cotidianos. Estas tácticas no solo les han permitido superar obstáculos de manera efectiva, sino que también han contribuido a una gestión financiera más robusta y adaptable.

Fondo de Contingencia para Gastos Inesperados

Lucía y Alejandro reconocen la inevitabilidad de enfrentar gastos inesperados en su vida cotidiana. Para hacer frente a estas eventualidades, han establecido un fondo de contingencia específico. Este fondo actúa como un colchón financiero, brindándoles la seguridad necesaria para hacer frente a emergencias sin comprometer su estabilidad financiera a largo plazo.

Planificación Anticipada para Gastos Irregulares

Anticipándose a gastos irregulares, como reparaciones imprevistas o eventos especiales, Lucía y Alejandro han desarrollado una estrategia de planificación anticipada. Reservan una porción de sus ingresos mensuales para cubrir estos gastos, evitando así sorpresas desagradables y asegurando que estos desembolsos no afecten negativamente su presupuesto principal.

Negociación de Tarifas y Servicios: Maximizando Recursos Existente

Enfrentados con la realidad de los aumentos de tarifas y servicios, Lucía y Alejandro han perfeccionado la habilidad de la negociación. Ya sea al renegociar contratos de servicios o buscar opciones más asequibles, esta estrategia les ha permitido maximizar sus recursos existentes y mantener un control eficiente sobre sus gastos cotidianos.

Inversión en Educación Financiera Continua

El conocimiento es una herramienta poderosa en la gestión financiera cotidiana. Lucía y Alejandro reconocen la importancia de la educación financiera continua y dedican tiempo regular a aprender sobre nuevas estrategias, herramientas y conceptos financieros. Esta inversión en conocimiento les proporciona las habilidades necesarias para tomar decisiones informadas y adaptarse a un entorno financiero en constante cambio.

Establecimiento de Metas Financieras a Corto Plazo

Al establecer metas financieras a corto plazo, Lucía y Alejandro han creado un enfoque motivador para enfrentar los desafíos cotidianos. Estas metas proporcionan hitos alcanzables que refuerzan la disciplina financiera y generan un sentido de logro constante. El establecimiento y consecución de estas metas actúan como un recordatorio tangible de la capacidad de superar desafíos y trabajar hacia una seguridad financiera duradera.

Desarrollo de Redes de Apoyo Comunitario

Enfrentar desafíos cotidianos no siempre implica una carga financiera directa. Lucía y Alejandro comprenden la importancia de las redes de apoyo comunitario. Participan activamente en comunidades que comparten valores similares, proporcionando un espacio para el intercambio de ideas, recursos y apoyo mutuo. Esta red de apoyo no solo alivia la presión financiera, sino que también enriquece su vida diaria.

Estas estrategias no solo ofrecen soluciones prácticas a desafíos cotidianos, sino que también destacan la importancia de la resiliencia y la adaptabilidad en la gestión financiera. Lucía y Alejandro demuestran que, al enfrentar desafíos con un enfoque estratégico y una mentalidad proactiva, es posible no solo superar obstáculos, sino también fortalecer la base de una gestión financiera sólida y sostenible.

Capítulo 6:
Trabajo en Pareja

Cómo apoyarse mutuamente en las carreras profesionales.

En el intrincado tejido de sus vidas laborales, Lucía y Alejandro forjan una colaboración significativa. Este capítulo se sumerge en la manera en que la pareja navega por los desafíos y triunfos profesionales, explorando estrategias para un apoyo efectivo en el ámbito laboral.

Colaboración Estratégica:

La pareja entiende que el trabajo conjunto implica más que simplemente compartir el mismo espacio de oficina. Han desarrollado una colaboración estratégica, identificando áreas donde sus habilidades y fortalezas individuales pueden potenciarse mutuamente. Esta colaboración no solo mejora la eficiencia en el trabajo, sino que también fortalece su conexión al reconocer y valorar las contribuciones únicas que cada uno aporta al equipo.

Equilibrio Entre Competencia y Colaboración:

En un mundo laboral competitivo, Lucía y Alejandro han aprendido a equilibrar la competencia saludable con la colaboración constructiva. Comprenden que, aunque puedan tener metas y aspiraciones individuales, el éxito mutuo depende en gran medida de apoyarse mutuamente. Este enfoque ha creado un entorno en el que ambos pueden crecer profesionalmente sin sacrificar la esencia de su relación.

Flexibilidad y Adaptabilidad:

Las carreras profesionales a menudo presentan cambios y desafíos inesperados. Lucía y Alejandro abrazan la flexibilidad y la adaptabilidad como principios fundamentales en su enfoque laboral. Se apoyan mutuamente durante transiciones laborales, cambios de roles y períodos de incertidumbre. Esta capacidad para adaptarse a las circunstancias fortalece su unidad y resiliencia en el ámbito laboral.

Desarrollo Profesional Continuo:

Ambos reconocen la importancia del desarrollo profesional continuo. Comparten conocimientos, exploran oportunidades de aprendizaje conjunto y se animan mutuamente a buscar nuevas habilidades. Esta mentalidad de crecimiento constante no solo beneficia sus carreras individuales, sino que también contribuye al enriquecimiento de su relación al compartir experiencias de aprendizaje.

Comunicación Clara y Constructiva:

La comunicación clara y constructiva es un pilar fundamental en el apoyo laboral mutuo. Lucía y Alejandro han cultivado un ambiente donde pueden discutir abiertamente sus logros y desafíos profesionales. Esta transparencia no solo fortalece su conexión emocional, sino que también facilita la resolución conjunta de problemas laborales y la celebración de éxitos compartidos.

Respeto por el Tiempo y el Espacio Laboral:

El respeto por el tiempo y el espacio laboral es esencial para mantener un equilibrio saludable entre vida laboral y personal. Lucía y Alejandro establecen límites claros y respetan los compromisos laborales individuales. Esto no solo promueve la eficiencia en el trabajo, sino que también garantiza que ambos tengan el tiempo y el espacio necesarios para perseguir sus metas profesionales de manera individual.

Apoyo en Desafíos Profesionales:

Aunque no se abordan específicamente los momentos de desafío laboral en este capítulo, la pareja reconoce la importancia de brindarse apoyo durante períodos difíciles. Ya sea enfrentando proyectos exigentes, presiones laborales o momentos de duda profesional, Lucía y Alejandro se apoyan mutuamente emocionalmente y, cuando es necesario, a nivel práctico.

Celebración de Logros Conjuntos:

La celebración de logros conjuntos es una práctica arraigada en su dinámica laboral. Reconocen y celebran los hitos profesionales tanto individuales como compartidos. Esta celebración no solo fortalece su conexión emocional, sino que también refuerza la idea de que el éxito de uno es el éxito del equipo.

Apoyo Financiero en Decisiones Profesionales:

Lucía y Alejandro también brindan apoyo financiero durante decisiones profesionales cruciales. Ya sea invertir en educación adicional, emprender un nuevo proyecto o hacer cambios significativos en sus trayectorias laborales, toman decisiones financieras de manera conjunta, considerando el impacto en sus metas financieras compartidas.

Establecimiento de metas profesionales individuales y compartidas.

El establecimiento de metas profesionales, tanto individuales como compartidas, ocupa un lugar destacado en la estrategia laboral de Lucía y Alejandro. Este aspecto crucial de su enfoque no solo moldea sus trayectorias profesionales, sino que también refleja la fuerza de su colaboración y la visión conjunta que tienen para su futuro.

Metas Profesionales Individuales:

Lucía y Alejandro comprenden la importancia de las metas profesionales individuales como base para su crecimiento profesional y personal. Han cultivado una mentalidad de desarrollo continuo, reconociendo que establecer objetivos específicos proporciona dirección y motivación.

Para Lucía, una de sus metas profesionales individuales es ascender a un puesto de liderazgo en su campo. Se ha propuesto adquirir habilidades de liderazgo adicionales, participar en programas de capacitación y establecer conexiones significativas en su industria. Esta meta no solo impulsa su crecimiento profesional, sino que también contribuye a la construcción de su identidad como líder.

En el caso de Alejandro, su meta profesional individual se centra en la especialización técnica. Ha identificado áreas clave en las que desea perfeccionar sus habilidades y ha establecido un plan detallado para obtener certificaciones relevantes y participar en proyectos desafiantes. Esta meta individual no solo enriquece su conjunto de habilidades, sino que también lo posiciona como un experto en su campo.

Ambos reconocen la importancia de equilibrar metas a corto y largo plazo. Las metas a corto plazo ofrecen hitos alcanzables que refuerzan su motivación, mientras que las metas a largo plazo proporcionan una visión clara de su dirección futura.

Metas Profesionales Compartidas:

El establecimiento de metas profesionales compartidas es una práctica central en la colaboración laboral de Lucía y Alejandro. Han identificado áreas específicas en las que desean alinear sus esfuerzos para lograr objetivos conjuntos, fortaleciendo así su unidad y contribuyendo a un sentido compartido de propósito.

Una de sus metas profesionales compartidas es establecer un proyecto empresarial conjunto en el futuro. Ambos comparten una visión de emprender un proyecto que no solo refleje sus habilidades y pasiones, sino que también contribuya de manera significativa a su comunidad. Esta meta compartida no solo canaliza su energía hacia un objetivo común, sino que también fomenta la creatividad y la colaboración en su relación.

Además, han establecido metas financieras compartidas relacionadas con inversiones y ahorros para respaldar proyectos futuros. Han definido objetivos específicos para aumentar sus activos conjuntos y han implementado estrategias financieras coordinadas para lograr estas metas. Esta alineación financiera no solo refuerza su estabilidad económica, sino que también crea una base sólida para sus aspiraciones profesionales conjuntas.

Cómo Logran el Equilibrio:

El establecimiento de metas profesionales individuales y compartidas es un arte que requiere equilibrio. Lucía y Alejandro han desarrollado un enfoque colaborativo que les permite perseguir sus metas individuales sin comprometer la visión compartida que tienen para su futuro.

En primer lugar, mantienen una comunicación abierta y constante sobre sus metas profesionales. Esta transparencia les permite comprender las aspiraciones individuales del otro y encontrar maneras de apoyarse mutuamente en la consecución de esas metas.

La flexibilidad también desempeña un papel clave. Reconocen que las metas pueden evolucionar con el tiempo debido a cambios en la industria, nuevas oportunidades o simplemente debido al crecimiento personal. Su enfoque adaptable les permite ajustar sus metas según sea necesario y abrazar nuevas oportunidades a medida que surgen.

La colaboración estratégica es esencial para mantener el equilibrio entre las metas individuales y compartidas. Se apoyan mutuamente en el desarrollo de habilidades relevantes para sus respectivas metas y buscan maneras de integrar sus esfuerzos para lograr objetivos conjuntos de manera eficiente.

Además, reconocen la importancia de celebrar los hitos a lo largo del camino. Ya sea el logro de una certificación, un ascenso individual o el progreso hacia una meta compartida, encuentran momentos para reconocer y celebrar los logros, fortaleciendo así su conexión emocional y su motivación para continuar avanzando.

Impacto en su Relación:

El establecimiento de metas profesionales ha tenido un impacto significativo en la relación de Lucía y Alejandro. Les ha proporcionado una base sólida para el crecimiento conjunto y ha fortalecido su conexión a medida que trabajan hacia un futuro compartido. Al compartir sus logros y desafíos profesionales, han creado un vínculo más profundo y una comprensión mutua de las aspiraciones y valores de cada uno.

Apoyo emocional en momentos de desafío laboral.

En el complejo tejido de sus carreras, Lucía y Alejandro han demostrado una sensibilidad única hacia el componente emocional de los desafíos laborales. Este apartado examina cómo han desarrollado un apoyo emocional sólido, construyendo así una red de seguridad durante los momentos difíciles en el ámbito profesional.

Empatía como Pilar Fundamental:

La pareja reconoce la importancia de la empatía como un pilar fundamental en la construcción del apoyo emocional. En situaciones de desafío laboral, ambos se esfuerzan por comprender las emociones y preocupaciones del otro. Esta capacidad para ponerse en el lugar del compañero no solo fortalece la conexión emocional, sino que también crea un ambiente de confianza en el que pueden compartir sus vulnerabilidades laborales.

Comunicación Sensible y Abierta:

La comunicación desempeña un papel crucial en el apoyo emocional durante momentos difíciles. Lucía y Alejandro han cultivado un espacio donde pueden expresar abierta y sensiblemente sus preocupaciones laborales. Esta comunicación abierta no solo les brinda la oportunidad de compartir sus propias experiencias, sino que también facilita la comprensión mutua, permitiendo que el apoyo emocional sea más efectivo y personalizado.

Preservación del Bienestar Mental:

Conscientes de los impactos potenciales en el bienestar mental durante desafíos laborales, Lucía y Alejandro han integrado prácticas para preservar su salud emocional. Establecen límites claros para evitar el agotamiento, fomentan el autocuidado y se apoyan mutuamente en la búsqueda de recursos externos, como asesoramiento profesional, cuando es necesario. Esta atención proactiva al bienestar mental contribuye a una mayor resistencia frente a las tensiones laborales.

Celebración de Éxitos Pequeños y Grandes:

El apoyo emocional no se limita solo a los momentos difíciles; también se extiende a la celebración de éxitos, independientemente de su magnitud. Lucía y Alejandro reconocen la importancia de destacar los logros, ya sean pequeños hitos diarios o grandes triunfos profesionales. Esta celebración no solo refuerza una mentalidad positiva, sino que también refuerza la idea de que están juntos en cada paso de su viaje laboral.

Adaptabilidad Frente a Cambios Emocionales:

Las carreras profesionales a menudo involucran fluctuaciones emocionales relacionadas con el trabajo. Lucía y Alejandro abordan estos cambios con adaptabilidad y comprensión. Se dan el espacio necesario para procesar emociones, brindándose mutuamente el apoyo requerido. Esta adaptabilidad emocional fortalece su conexión, permitiéndoles enfrentar los desafíos laborales con una base emocional sólida.

Enfrentar Desafíos como un Equipo:

Cuando los desafíos laborales parecen abrumadores, Lucía y Alejandro adoptan un enfoque de "nosotros contra el problema". Esta mentalidad refuerza su unidad, transformando los desafíos en oportunidades para crecer juntos. El apoyo emocional se convierte así en una fuerza impulsora para superar adversidades, recordándose constantemente que están respaldándose mutuamente en su viaje profesional.

Gestión del tiempo y del estrés laboral.

La gestión eficiente del tiempo y el manejo del estrés son elementos esenciales en la travesía laboral de Lucía y Alejandro. Este apartado explora cómo han cultivado habilidades para optimizar su tiempo y afrontar el estrés laboral de manera individual y colectiva.

Planificación Estratégica del Tiempo:

La pareja reconoce la importancia de una planificación estratégica del tiempo para maximizar la productividad y minimizar el estrés. Han desarrollado un enfoque proactivo para organizar sus agendas laborales, asignando tiempo de manera inteligente a tareas críticas y estableciendo prioridades claras. Esta planificación les permite aprovechar al máximo sus horas laborales, facilitando así un equilibrio efectivo entre sus responsabilidades profesionales.

Delegación de Responsabilidades:

En la gestión del tiempo, Lucía y Alejandro aplican la estrategia de delegación de responsabilidades de manera consciente. Identifican las fortalezas y habilidades únicas de cada uno, asignando tareas de acuerdo con esas competencias. Este enfoque no solo aligera la carga individual, sino que también fomenta un ambiente de trabajo en equipo donde cada uno aporta significativamente al éxito del otro.

Flexibilidad en la Rutina Laboral:

La rutina laboral puede volverse monótona y generar estrés si no se gestiona adecuadamente. Lucía y Alejandro han incorporado flexibilidad en sus rutinas laborales para adaptarse a las demandas cambiantes. Esta flexibilidad no solo les permite enfrentar imprevistos con mayor facilidad, sino que también contribuye a un ambiente laboral menos rígido y más adaptable.

Enfrentar el Estrés de Manera Saludable:

Aunque no se profundizará en estrategias específicas para manejar el estrés laboral en pareja, es relevante destacar que Lucía y Alejandro han cultivado prácticas individuales para enfrentar el estrés de manera saludable. Esto puede incluir técnicas de manejo del estrés, como ejercicios de respiración, pausas activas durante la jornada laboral y la búsqueda de actividades recreativas fuera del ámbito laboral. Esta atención al bienestar individual contribuye a una dinámica positiva en su relación.

Apoyo Mutuo en la Gestión del Tiempo:

La gestión del tiempo no solo es una responsabilidad individual, sino también una colaboración mutua. Lucía y Alejandro se apoyan el uno al otro al coordinar agendas, asegurándose de que ambos tengan el tiempo necesario para sus responsabilidades laborales y personales. Esta coordinación refuerza su compromiso de trabajar como un equipo, incluso en la gestión de sus horarios.

Adaptabilidad a los Cambios Laborales:

Las carreras profesionales a menudo involucran cambios y ajustes en las rutinas. Lucía y Alejandro han desarrollado una mentalidad adaptable para enfrentar estos cambios laborales. Ya sea asumiendo nuevos roles, enfrentando proyectos exigentes o adaptándose a modificaciones en las expectativas laborales, su flexibilidad les permite afrontar los desafíos con resiliencia y unidad.

En síntesis, la gestión efectiva del tiempo y la afrontación del estrés laboral son aspectos cruciales en el viaje profesional de Lucía y Alejandro, contribuyendo a un ambiente laboral equilibrado y a una conexión más fuerte en su relación.

Creación de un equilibrio trabajo-vida saludable.

La búsqueda de un equilibrio saludable entre el trabajo y la vida es un componente clave en la filosofía laboral de Lucía y Alejandro. Este apartado examina cómo han cultivado y mantenido un equilibrio trabajo-vida que les permite prosperar tanto profesional como personalmente.

Establecimiento de Límites Claros:

La pareja reconoce la importancia de establecer límites claros entre el trabajo y la vida personal. Han desarrollado la capacidad de desconectar del entorno laboral al final del día, permitiéndoles dedicar tiempo y energía a sus relaciones personales, hobbies y actividades que nutren su bienestar emocional. Estos límites contribuyen a un ambiente donde el trabajo no se convierte en una carga constante.

Priorización de Tiempo de Calidad:

La calidad del tiempo dedicado a actividades personales y relaciones es prioritaria para Lucía y Alejandro. Han aprendido a valorar los momentos de calidad sobre la cantidad de tiempo disponible. Esto implica estar plenamente presentes en actividades fuera del trabajo, ya sea compartiendo una cena tranquila, participando en actividades recreativas o simplemente disfrutando de tiempo juntos sin distracciones laborales.

Flexibilidad en la Jornada Laboral:

La flexibilidad en la jornada laboral es un elemento crucial para mantener un equilibrio saludable entre el trabajo y la vida. Lucía y Alejandro han negociado acuerdos laborales que les permiten adaptar sus horarios según las necesidades personales y profesionales. Esta flexibilidad no solo les brinda la libertad de gestionar su tiempo de manera más efectiva, sino que también les permite abordar imprevistos sin comprometer su bienestar.

Enfoque en el Autocuidado:

El autocuidado es una prioridad para Lucía y Alejandro en su búsqueda de equilibrio. Reconocen la importancia de cuidar de sí mismos tanto física como mentalmente. Esto puede implicar prácticas como el ejercicio regular, la meditación, la búsqueda de hobbies que les apasionen y la atención a sus necesidades emocionales. Un enfoque consciente en el autocuidado contribuye a su capacidad para manejar el estrés laboral y disfrutar de una vida personal plena.

Comunicación Abierta sobre Necesidades Individuales:

La comunicación abierta es clave para mantener un equilibrio saludable. Lucía y Alejandro han desarrollado un espacio donde pueden expresar abiertamente sus necesidades y expectativas en relación con el equilibrio trabajo-vida. Esto les permite ajustar dinámicamente sus enfoques según las demandas cambiantes, asegurando que ambos se sientan respaldados en sus esfuerzos por equilibrar sus vidas laborales y personales.

Apoyo Mutuo en las Decisiones Laborales:

En la creación de un equilibrio trabajo-vida, Lucía y Alejandro se apoyan mutuamente en las decisiones laborales que afectan este equilibrio. Ya sea considerando cambios en la carga de trabajo, evaluando nuevas oportunidades profesionales o enfrentando decisiones que impactan en sus rutinas diarias, trabajan en conjunto para asegurar que las decisiones laborales respalden su objetivo de mantener un equilibrio saludable.

Celebración de Momentos Personales Significativos:

La pareja también celebra momentos personales significativos, como cumpleaños, aniversarios y logros personales. Esta práctica fortalece su conexión emocional y les recuerda la importancia de dedicar tiempo a las relaciones y a ellos mismos fuera del ámbito laboral.

Estrategias para manejar el estrés laboral en pareja.

Lucía y Alejandro han desarrollado estrategias efectivas para abordar y gestionar el estrés laboral, fortaleciendo así su relación y bienestar emocional. Este apartado explora las diversas estrategias que han incorporado para afrontar los desafíos laborales sin comprometer la armonía en su vida personal.

Comunicación Abierta y de Apoyo:

La base de su manejo del estrés laboral radica en una comunicación abierta y de apoyo. Lucía y Alejandro comparten sus experiencias laborales, desafíos y preocupaciones de manera honesta y receptiva. Esta comunicación les permite entender las presiones a las que cada uno se enfrenta, creando un ambiente de comprensión mutua y empatía.

Prácticas de Mindfulness y Meditación:

Ambos han incorporado prácticas de mindfulness y meditación en sus rutinas diarias para contrarrestar el impacto negativo del estrés laboral. Estas técnicas les ayudan a mantener la calma, a enfocarse en el presente y a liberar tensiones acumuladas. Practicar mindfulness juntos también refuerza su conexión emocional, creando un espacio de tranquilidad compartido.

Establecimiento de Rutinas de Desconexión:

La creación de rutinas de desconexión es esencial para minimizar el impacto del estrés laboral en su vida cotidiana. Lucía y Alejandro han establecido prácticas al final del día que les permiten dejar atrás las preocupaciones laborales. Estas rutinas pueden incluir actividades relajantes, ejercicios físicos o simplemente momentos de descanso compartido.

Apoyo Emocional Activo:

Cuando uno de ellos enfrenta momentos especialmente estresantes en el trabajo, el otro proporciona apoyo emocional activo. Esto implica estar presente, escuchar con empatía y ofrecer palabras de aliento. El apoyo mutuo crea un ambiente de confianza donde ambos se sienten respaldados en momentos de dificultad laboral.

Planificación de Tiempo de Calidad:

Incluso en períodos ocupados, Lucía y Alejandro priorizan el tiempo de calidad juntos. Esta práctica no solo les brinda un respiro del estrés laboral, sino que también fortalece su conexión emocional. Pueden disfrutar de actividades relajantes, salidas sociales o simplemente momentos de intimidad, proporcionando un equilibrio necesario en medio de las demandas laborales.

Gestión Proactiva de Conflictos Laborales:

Cuando surgen conflictos en el trabajo, Lucía y Alejandro abordan proactivamente la situación. Trabajan juntos para encontrar soluciones constructivas, evitando que el estrés laboral se convierta en una fuente de tensión en su relación. Esta gestión proactiva también les permite aprender y crecer juntos a través de los desafíos laborales.

Ejercicio Físico como Liberador de Estrés:

Ambos reconocen los beneficios del ejercicio físico para liberar el estrés acumulado. Ya sea practicando deportes juntos, yendo al gimnasio o participando en actividades al aire libre, el ejercicio se convierte en una válvula de escape saludable. Además de los beneficios físicos, el ejercicio contribuye a mejorar su estado de ánimo y reducir la tensión emocional.

Fomento de un Ambiente de Apoyo en el Hogar:

Lucía y Alejandro han creado un ambiente de apoyo en su hogar, donde se alienta la expresión abierta de emociones y se comparten responsabilidades domésticas. Un entorno de este tipo les permite recuperarse más fácilmente del estrés laboral, ya que saben que pueden contar el uno con el otro tanto en el trabajo como en casa.

En conclusión, estas estrategias para manejar el estrés laboral en pareja han contribuido significativamente a la salud emocional de Lucía y Alejandro, permitiéndoles enfrentar los desafíos laborales con resiliencia y fortalecer su relación en el proceso.

Capítulo 7:

Ahorro Inteligente

Estrategias para construir un fondo de emergencia.

En el viaje financiero de Lucía y Alejandro, la construcción de un fondo de emergencia ha sido una piedra angular para garantizar la estabilidad financiera en situaciones imprevistas. A continuación, se exploran las estrategias que han implementado de manera inteligente para construir y mantener este crucial colchón financiero.

Priorización del Ahorro Mensual:

Una de las estrategias clave ha sido la priorización del ahorro mensual. Lucía y Alejandro se comprometen a destinar una parte de sus ingresos cada mes a su fondo de emergencia antes de abordar otras categorías de gastos. Esta disciplina financiera les ha permitido acumular gradualmente un fondo sólido para hacer frente a cualquier eventualidad.

Automatización de Transferencias:

Para asegurarse de que el ahorro sea consistente, han automatizado las transferencias a su cuenta de emergencia. Esto garantiza que el proceso de ahorro no se vea afectado por olvidos o fluctuaciones en sus horarios ocupados. La automatización les brinda tranquilidad, sabiendo que están construyendo su fondo de emergencia de manera constante.

Establecimiento de Metas de Ahorro Realistas:

Aunque no se centran en metas a corto o largo plazo, Lucía y Alejandro establecen metas de ahorro realistas para su fondo de emergencia. Estas metas actúan como hitos, motivándolos a mantener la disciplina financiera. A medida que alcanzan y superan estas metas, sienten un logro tangible y se inspiran para continuar fortaleciendo su fondo de emergencia.

Reevaluación Periódica de Gastos:

Periodicamente, revisan sus gastos para identificar áreas donde pueden ajustar su presupuesto y destinar más recursos al fondo de emergencia. Esta reevaluación les permite adaptarse a cambios en sus ingresos o gastos, asegurando que el ahorro siga siendo una prioridad incluso en circunstancias cambiantes.

División de Responsabilidades en el Ahorro:

Si bien no establecen metas específicas a corto o largo plazo, Lucía y Alejandro han dividido responsabilidades en el proceso de ahorro. Cada uno asume la responsabilidad de ciertos aspectos del fondo de emergencia, asegurando una participación equitativa y un compromiso compartido hacia la construcción del mismo.

Uso Prudente del Fondo en Caso de Emergencia:

Aunque no se adentran en la creación de un plan para abordar emergencias financieras, su enfoque inteligente incluye el uso prudente del fondo en situaciones de emergencia. Han establecido pautas claras sobre cuándo y cómo acceder al fondo, asegurándose de que se utilice de manera estratégica y responsable.

Educación Financiera Continua:

Lucía y Alejandro reconocen la importancia de la educación financiera continua en su viaje. Mantienen una mentalidad de aprendizaje, explorando constantemente estrategias para

optimizar su gestión financiera y mejorar la efectividad de su
fondo de emergencia.

**Establecimiento de objetivos de ahorro a corto y largo
plazo.**

En la travesía financiera de Lucía y Alejandro, la fijación de
objetivos de ahorro ha sido una práctica esencial que ha guiado
sus decisiones financieras y les ha brindado un marco
estructurado para alcanzar sus metas. A continuación, se
detallan las estrategias que han adoptado para establecer
objetivos de ahorro a corto y largo plazo de manera inteligente.

Identificación de Prioridades Financieras:

Lucía y Alejandro comienzan por identificar sus prioridades
financieras tanto a corto como a largo plazo. Evalúan aspectos
como la compra de una vivienda, la educación de los hijos y la
jubilación. Esta evaluación les ayuda a establecer objetivos
específicos y alineados con sus aspiraciones y necesidades
financieras.

Definición de Metas Claras y Cuantificables:

Al establecer objetivos, Lucía y Alejandro se esfuerzan por
definir metas claras y cuantificables. Por ejemplo, en lugar de

simplemente decir "ahorrar para la jubilación", especifican la cantidad exacta que desean acumular para mantener su calidad de vida deseada durante la jubilación. Este enfoque proporciona una dirección clara y medible.

Establecimiento de Plazos Realistas:

Reconociendo la importancia de plazos realistas, Lucía y Alejandro determinan el tiempo que les llevará alcanzar cada objetivo. Dividen sus metas en segmentos de corto, mediano y largo plazo, permitiéndoles desarrollar estrategias específicas para cada período. Este enfoque temporal proporciona un sentido de urgencia y un marco de referencia para evaluar su progreso.

Adaptación a Circunstancias Cambiantes:

Aunque no profundizan en la creación de un plan para abordar emergencias financieras, su enfoque inteligente incluye la capacidad de adaptarse a circunstancias cambiantes. Si surgen nuevas prioridades o desafíos, revisan y ajustan sus objetivos de ahorro según sea necesario, garantizando que su plan financiero sea flexible y relevante.

Monitoreo Regular del Progreso:

Lucía y Alejandro establecen un hábito de monitorear regularmente el progreso hacia sus objetivos de ahorro. Esta revisión periódica les permite evaluar si están en camino de alcanzar sus metas y ajustar su enfoque si es necesario. La atención constante al progreso les brinda la confianza de que están avanzando hacia sus aspiraciones financieras.

Celebración de Hitos Intermedios:

Aunque no se centran en la celebración de hitos financieros, Lucía y Alejandro reconocen la importancia de celebrar logros intermedios. Cuando alcanzan pequeños hitos en su camino hacia metas más grandes, se felicitan mutuamente y refuerzan su compromiso con el proceso de ahorro, manteniendo la motivación a lo largo del tiempo.

Incorporación de Objetivos de Desarrollo Personal:

Más allá de los objetivos financieros, Lucía y Alejandro incorporan metas de desarrollo personal en su planificación. Esto puede incluir inversiones en educación adicional, viajes o experiencias significativas. Integrar objetivos de desarrollo personal en su plan financiero agrega un componente enriquecedor a su viaje.

Creación de un plan para abordar emergencias financieras.

En su trayecto financiero, Lucía y Alejandro reconocen la importancia crucial de estar preparados para hacer frente a imprevistos financieros. La creación de un plan para abordar emergencias es un componente esencial de su enfoque inteligente hacia el ahorro. Aquí se detallan las estrategias que han implementado para garantizar una respuesta efectiva ante situaciones imprevistas.

Identificación de Posibles Escenarios de Emergencia:

En primer lugar, Lucía y Alejandro dedican tiempo a identificar posibles escenarios de emergencia que podrían afectar sus finanzas. Estos pueden incluir gastos médicos inesperados, reparaciones del hogar, pérdida de empleo o cualquier situación que pueda generar tensiones financieras. Esta anticipación les permite estar preparados para una variedad de circunstancias.

Establecimiento de un Fondo de Emergencia:

Una de las principales estrategias que implementan es la creación de un fondo de emergencia. Este fondo consiste en reservar una cantidad específica de dinero destinada exclusivamente para hacer frente a situaciones imprevistas.

Lucía y Alejandro contribuyen regularmente a este fondo, priorizando su construcción como una medida preventiva.

Determinación de la Cantidad Adecuada:

Si bien no especifican detalles sobre la cantidad exacta, Lucía y Alejandro determinan cuidadosamente cuánto deben tener en su fondo de emergencia. Consideran factores como sus gastos mensuales, la estabilidad de sus empleos y cualquier obligación financiera a largo plazo. Esta evaluación les proporciona una guía clara sobre la cantidad necesaria para cubrir emergencias.

Separación de Cuentas para Mejor Gestión:

En algunos casos, separan el fondo de emergencia en cuentas designadas para escenarios específicos. Por ejemplo, pueden tener una porción reservada para gastos médicos y otra para reparaciones del hogar. Esta división facilita la gestión y asignación específica de fondos en situaciones particulares.

Revisión y Actualización Periódica del Plan:

Lucía y Alejandro entienden que las circunstancias cambian con el tiempo. Por lo tanto, no consideran su plan para abordar emergencias como estático. Realizan revisiones periódicas, ajustando la cantidad destinada al fondo de emergencia según sus necesidades cambiantes y las condiciones económicas.

Exploración de Pólizas de Seguro Adecuadas:

Además del fondo de emergencia, Lucía y Alejandro exploran y adquieren pólizas de seguro adecuadas para cubrir ciertos riesgos financieros. Esto puede incluir seguros médicos, de hogar, o cualquier otra cobertura que consideren necesaria. Diversificar sus medidas de protección financiera fortalece su capacidad para hacer frente a diversas emergencias.

Formación de un Equipo de Asesoramiento Financiero:

Aunque no se adentran específicamente en esta estrategia, la formación de un equipo de asesoramiento financiero puede ser parte de su enfoque. Trabajar con profesionales financieros les proporciona orientación experta sobre cómo estructurar su plan para abordar emergencias y optimizar su preparación financiera.

Ahorro a largo plazo y planificación para metas específicas.

En su perspicaz viaje financiero, Lucía y Alejandro comprenden la importancia de mirar hacia el futuro y planificar para metas específicas a largo plazo. Aquí exploramos cómo abordan el ahorro a largo plazo y cómo estructuran su planificación para alcanzar metas financieras significativas sin entrar en detalles específicos sobre las estrategias de inversión.

Visión Clara de Metas a Largo Plazo:

Lucía y Alejandro han cultivado una visión clara de las metas financieras a largo plazo que desean alcanzar como pareja. Estas metas pueden abarcar desde la compra de una vivienda, la educación de los hijos hasta la jubilación. Tener una visión definida les proporciona un objetivo unificador y un sentido de propósito en sus esfuerzos de ahorro a largo plazo.

Priorización de Metas según Importancia:

Aunque no entran en detalles específicos sobre las metas a largo plazo que han establecido, Lucía y Alejandro reconocen la importancia de priorizar estas metas según su impacto y significado para ellos. Al hacerlo, pueden asignar recursos financieros de manera estratégica para avanzar hacia sus objetivos más importantes.

Establecimiento de Plazos Realistas:

En su enfoque de ahorro a largo plazo, Lucía y Alejandro son realistas al establecer plazos para alcanzar sus metas específicas. Consideran factores como la edad, los hitos familiares y las condiciones económicas al definir plazos que reflejen la factibilidad y al mismo tiempo desafíen su capacidad de ahorro.

Adaptabilidad a Cambios en Circunstancias:

Reconociendo la naturaleza dinámica de la vida, Lucía y Alejandro mantienen una actitud de adaptabilidad en su planificación a largo plazo. Entienden que las circunstancias pueden cambiar, y están dispuestos a ajustar sus metas y estrategias de ahorro según sea necesario.

Exploración de Opciones de Inversión:

Si bien no detallan estrategias específicas de inversión, es plausible que Lucía y Alejandro, en su enfoque de ahorro a largo plazo, exploren opciones de inversión que les permitan hacer crecer su dinero. Pueden considerar activos que alineen con sus objetivos a largo plazo, buscando asesoramiento profesional para tomar decisiones informadas.

Fomento del Diálogo Abierto:

En su dinámica como pareja financiera, Lucía y Alejandro fomentan el diálogo abierto sobre sus metas a largo plazo. Este constante intercambio de ideas y aspiraciones les permite mantenerse alineados y ajustar su planificación a medida que evolucionan como individuos y como pareja.

Celebración de Logros Parciales:

A medida que avanzan hacia sus metas a largo plazo, Lucía y Alejandro celebran los logros parciales alcanzados. Esta celebración no solo refuerza su compromiso con el proceso, sino que también les proporciona motivación adicional para continuar trabajando hacia metas financieras más ambiciosas.

Identificación de metas financieras a largo plazo.

En la travesía financiera de Lucía y Alejandro, la identificación de metas financieras a largo plazo no es simplemente un ejercicio de enumerar deseos futuros; es una inmersión profunda en sus aspiraciones, valores y sueños compartidos. Este proceso va más allá de establecer metas abstractas; implica una reflexión significativa sobre el tipo de vida que desean construir juntos.

Reflexión Profunda sobre Aspiraciones Futuras:

Lucía y Alejandro se sumergen en una reflexión profunda, explorando las capas más íntimas de sus aspiraciones futuras. No se trata solo de acumular riqueza, sino de comprender qué significado tiene el dinero para ellos. ¿Cómo visualizan su vida en el futuro? ¿Qué experiencias desean compartir? ¿Cuáles son los valores fundamentales que guiarán sus decisiones financieras?

Este proceso de reflexión va más allá de lo material; es una búsqueda conjunta de significado y propósito. Discuten sus sueños compartidos, desde la libertad financiera hasta la capacidad de realizar viajes significativos o contribuir a causas importantes. Este enfoque no solo da forma a sus metas financieras a largo plazo, sino que también fortalece su conexión emocional.

Conversaciones Significativas como Estrategia:

La identificación de metas financieras a largo plazo se basa en conversaciones significativas. Lucía y Alejandro no temen abordar temas profundos y, a veces, difíciles. Exploran la visión que cada uno tiene para el futuro y buscan áreas de convergencia. Estas conversaciones no solo son sobre dinero;

son exploraciones conjuntas de lo que significa construir una vida plena.

Se sumergen en preguntas desafiantes. ¿Cómo se complementan sus sueños individuales? ¿Qué sacrificios están dispuestos a hacer por el bienestar del otro? Estas conversaciones les permiten no solo alinear sus objetivos financieros, sino también comprender las motivaciones y deseos subyacentes que dan forma a esas metas.

Definición de Metas Específicas y Cuantificables:

La claridad es la piedra angular de las metas financieras a largo plazo de Lucía y Alejandro. En lugar de vaguedades, definen metas específicas y cuantificables. No es solo "ahorrar para la jubilación", es establecer un monto concreto que les permita mantener el estilo de vida deseado durante la jubilación.

Esta definición específica va acompañada de un análisis detallado de los pasos necesarios para alcanzar esas metas. Desglosan el camino hacia el logro de sus objetivos en hitos manejables y establecen un cronograma realista. Este enfoque meticuloso no solo les proporciona un plan de acción claro, sino que también les permite medir su progreso de manera tangible.

Priorización Estratégica:

Con recursos finitos, Lucía y Alejandro aplican una estrategia de priorización. Reconocen que, aunque tienen aspiraciones diversas, algunos objetivos tienen un impacto más profundo en su calidad de vida. Esta priorización no se trata simplemente de elegir metas; implica entender la interconexión entre cada objetivo y cómo alcanzar uno puede allanar el camino para otros.

Evalúan la urgencia y la importancia relativa de cada meta. Algunas metas pueden ser a largo plazo, como la compra de una casa, mientras que otras pueden ser más inmediatas, como la planificación para la educación de los hijos. Esta estrategia les permite asignar recursos de manera inteligente, enfocándose en lo que más importa en cada etapa de su vida.

Adaptabilidad a Cambios en Circunstancias:

La vida es fluida y llena de cambios inesperados. Lucía y Alejandro abrazan la adaptabilidad en sus metas financieras a largo plazo. Reconocen que lo que es relevante hoy puede cambiar mañana, ya sea debido a cambios en la economía, nuevas oportunidades laborales o eventos personales inesperados.

Mantienen un diálogo constante sobre la evolución de sus metas y están dispuestos a ajustar el rumbo según sea necesario. Esta adaptabilidad no solo se trata de ser receptivos a las circunstancias externas, sino también de crecer y evolucionar como individuos y como pareja. Se dan el espacio para revisar y recalibrar sus metas a medida que su comprensión mutua y sus prioridades evolucionan con el tiempo.

Establecimiento de Hitos Intermedios:

La jornada hacia metas financieras a largo plazo puede parecer larga y desafiante. Para hacerla más manejable, Lucía y Alejandro establecen hitos intermedios. Estos no solo actúan como puntos de referencia para evaluar su progreso, sino que también sirven como momentos de celebración y reevaluación.

Al celebrar hitos intermedios, refuerzan su compromiso continuo y se dan la oportunidad de reconocer los logros, incluso cuando la meta final aún está en el horizonte. Esta práctica no solo alimenta la motivación, sino que también fortalece su conexión emocional al compartir juntos los éxitos a lo largo del camino.

Compromiso Mutuo y Colaboración:

En el corazón de la identificación de metas financieras a largo plazo está el compromiso mutuo y la colaboración constante. Lucía y Alejandro comprenden que sus metas individuales están entrelazadas con sus objetivos compartidos como pareja. Este compromiso no se trata solo de cumplir con una lista de verificación financiera; es un pacto emocional de apoyarse mutuamente en el camino hacia la realización de sus sueños.

Trabajan juntos, fusionando sus esfuerzos y habilidades para superar los desafíos y capitalizar las oportunidades. La colaboración no solo se limita a la toma de decisiones financieras; se extiende a la creación de un futuro compartido basado en la comprensión, el respeto y el amor.

Estrategias para invertir y hacer crecer el ahorro a largo plazo.

En este viaje de descubrimiento financiero, Lucía y Alejandro no solo se centran en los resultados tangibles, sino que también se sumergen en la experiencia de construir su futuro juntos. Este proceso va más allá de establecer metas abstractas; es una inmersión profunda en sus aspiraciones, valores y sueños compartidos.

Reflexión Profunda sobre Aspiraciones Futuras:

En lugar de simplemente acumular riqueza, Lucía y Alejandro exploran las capas más íntimas de sus aspiraciones futuras. Más que un ejercicio financiero, este proceso implica una reflexión significativa sobre el tipo de vida que desean construir juntos. Discuten y visualizan sus sueños compartidos, desde la libertad financiera hasta experiencias significativas y contribuciones a causas importantes.

Conversaciones Significativas como Estrategia:

La identificación de metas financieras a largo plazo se basa en conversaciones profundas y significativas. Lucía y Alejandro abordan temas difíciles, explorando la visión que cada uno tiene para el futuro. Estas conversaciones van más allá del dinero; son exploraciones conjuntas de lo que significa construir una vida plena. Preguntas desafiantes sobre la complementariedad de sus sueños individuales fortalecen no solo sus metas financieras, sino también su conexión emocional.

Definición de Metas Específicas y Cuantificables:

En lugar de vaguedades, Lucía y Alejandro definen metas específicas y cuantificables. Este enfoque meticuloso no solo proporciona un plan de acción claro, sino que también les permite medir su progreso de manera tangible. La claridad en sus metas no solo se trata de números; implica una comprensión profunda de lo que desean lograr y cómo afectará positivamente sus vidas.

Priorización Estratégica:

Con recursos finitos, la pareja aplica una estrategia de priorización. Reconocen que algunos objetivos tienen un impacto más profundo en su calidad de vida y entienden la interconexión entre cada objetivo. Esta estrategia inteligente les permite asignar recursos de manera efectiva, centrándose en lo que más importa en cada etapa de su vida.

Adaptabilidad a Cambios en Circunstancias:

La vida es fluida y llena de cambios inesperados. Lucía y Alejandro abrazan la adaptabilidad en sus metas financieras a largo plazo, reconociendo que lo que es relevante hoy puede cambiar mañana. Esta adaptabilidad no solo se trata de ser receptivos a las circunstancias externas, sino también de crecer y evolucionar como individuos y como pareja.

Establecimiento de Hitos Intermedios:

La jornada hacia metas financieras a largo plazo puede parecer larga y desafiante. Lucía y Alejandro establecen hitos intermedios como puntos de referencia para evaluar su progreso y momentos de celebración y reevaluación. Al reconocer y celebrar estos logros intermedios, fortalecen su compromiso continuo y refuerzan la conexión emocional compartida.

Compromiso Mutuo y Colaboración:

En el centro de este proceso está el compromiso mutuo y la colaboración constante. Lucía y Alejandro comprenden que sus metas individuales están entrelazadas con sus objetivos compartidos como pareja. Este compromiso emocional va más allá de una lista de verificación financiera; es un pacto de apoyo mutuo en el camino hacia la realización de sus sueños. La colaboración no solo se limita a las decisiones financieras; se extiende a la creación de un futuro compartido basado en la comprensión, el respeto y el amor.

Capítulo 8:

Inversiones para el Futuro

Introducción a conceptos de inversión.

Con la determinación de construir un futuro financiero sólido, Lucía y Alejandro se sumergen de lleno en la comprensión de los conceptos clave relacionados con las inversiones. Exploran los principios detrás de las acciones, bonos y otros instrumentos financieros, buscando no solo rendimientos, sino también una comprensión profunda de cómo estas inversiones contribuirán a su crecimiento patrimonial a lo largo del tiempo.

Educación Continua como Estrategia:

En lugar de ver la inversión como una actividad aislada, Lucía y Alejandro adoptan una mentalidad de educación continua. Reconocen que el mercado financiero está en constante evolución y que la adaptabilidad es clave para tomar decisiones informadas. Este enfoque educativo no solo les proporciona las herramientas para tomar decisiones financieras fundamentadas, sino que también les permite navegar por las complejidades del mundo de las inversiones con confianza.

Entendimiento de Riesgos y Beneficios:

A medida que exploran los conceptos de inversión, Lucía y Alejandro también se sumergen en la comprensión profunda de los riesgos y beneficios asociados. Reconocen que cada inversión lleva consigo una combinación única de elementos de riesgo y oportunidad. Este entendimiento les permite tomar decisiones informadas, evaluando cuidadosamente la relación entre riesgo y rendimiento en cada decisión de inversión que toman.

Diversificación como Estrategia Fundamental:

En su travesía educativa, Lucía y Alejandro descubren la importancia de la diversificación. Comprenden que no todas las inversiones llevan el mismo nivel de riesgo y que distribuir sus inversiones en diferentes clases de activos puede mitigar el impacto de posibles pérdidas. Esta estrategia no solo contribuye a la protección de su cartera, sino que también abre la puerta a oportunidades de crecimiento sostenible a largo plazo.

Análisis Crítico de Opciones de Inversión:

Lucía y Alejandro adoptan un enfoque analítico al evaluar opciones de inversión. En lugar de seguir tendencias sin reflexión, aplican un análisis crítico para seleccionar instrumentos financieros que se alineen con sus objetivos financieros y tolerancia al riesgo. Este enfoque reflexivo garantiza que cada decisión de inversión esté respaldada por un entendimiento profundo y un análisis detallado.

Planificación a Largo Plazo:

Con la introducción a los conceptos de inversión, Lucía y Alejandro también se sumergen en la planificación a largo plazo. No están buscando ganancias rápidas, sino construir una cartera robusta que crezca de manera sostenible con el tiempo. Este enfoque estratégico les permite visualizar su futuro financiero con claridad, alineando cada decisión de inversión con sus metas a largo plazo.

Colaboración en Decisiones de Inversión:

La travesía de Lucía y Alejandro en el mundo de las inversiones no es un viaje solitario. La colaboración en la toma de decisiones de inversión se convierte en un componente esencial de su estrategia financiera. A través de discusiones abiertas y transparentes, comparten ideas, perspectivas y aspiraciones, tomando decisiones que beneficien no solo su crecimiento individual, sino también su prosperidad conjunta.

Comprensión de diferentes tipos de inversiones.

En la travesía financiera de Lucía y Alejandro, la comprensión de diferentes tipos de inversiones se presenta como un capítulo crucial. Sumergiéndose en este vasto universo, la pareja no solo busca aumentar su conocimiento, sino también evaluar las opciones que mejor se alinean con sus metas y tolerancia al riesgo. Acompañemos a Lucía y Alejandro mientras desentrañan las complejidades de las inversiones y trazan un camino hacia el crecimiento financiero sostenible.

Exploración Detallada de Opciones de Inversión:

En su búsqueda de conocimiento financiero, Lucía y Alejandro se adentran en la amplia variedad de opciones de inversión disponibles. Desde el mercado de acciones hasta los bienes raíces, cada opción se presenta como una herramienta única para construir riqueza y alcanzar sus metas financieras. Se sumergen en la comprensión de diferentes instrumentos, analizando cómo cada uno puede contribuir a la diversificación y estabilidad de su cartera.

Consideraciones Individuales y Tolerancia al Riesgo:

La pareja reconoce la importancia de alinear sus elecciones de inversión con sus metas a largo plazo y, más crucial aún, con su tolerancia al riesgo. Este análisis detallado no solo se basa en las perspectivas de rendimiento, sino también en la evaluación realista de cuánto riesgo están dispuestos a asumir. Esta comprensión profunda de sí mismos les permite construir una cartera que no solo busca rendimientos sólidos, sino que también se adapta a su comodidad con la volatilidad del mercado.

Inversión en Acciones: Más Allá de los Números:

Cuando se sumergen en el mundo de las acciones, Lucía y Alejandro van más allá de simplemente seguir los números del mercado. Exploran cómo las empresas en las que invierten se alinean con sus valores y visión a largo plazo. Este enfoque no solo busca ganancias financieras, sino también invertir en empresas que reflejen sus principios éticos y sostenibilidad a largo plazo.

Inversiones en Bienes Raíces: Construyendo un Patrimonio Tangible:

Los bienes raíces emergen como una opción atractiva para Lucía y Alejandro, y no solo por su potencial de rendimiento financiero. La pareja ve en la inversión inmobiliaria la oportunidad de construir un patrimonio tangible, a la vez que contribuyen al desarrollo de comunidades sostenibles. Exploran estrategias desde la adquisición de propiedades residenciales hasta inversiones comerciales, buscando diversificar su cartera y establecer bases sólidas para el futuro.

Inversiones en Fondos Mutuos: Colaboración en la Diversificación:

Lucía y Alejandro exploran la opción de fondos mutuos como una forma de colaboración en la diversificación. Este enfoque les permite invertir en una variedad de activos, gestionados por profesionales financieros. Diversificando sus inversiones a través de fondos mutuos, buscan reducir el riesgo y aumentar la estabilidad de su cartera, adaptándose a un enfoque más colaborativo en la gestión de sus recursos.

Inversiones en Bonos: Buscando Estabilidad y Flujo de Efectivo:

La estabilidad y el flujo de efectivo se destacan como prioridades al explorar las inversiones en bonos. Lucía y Alejandro comprenden el papel crucial que desempeñan los bonos en la construcción de una cartera equilibrada. Desde bonos del gobierno hasta corporativos, evalúan cómo estas inversiones ofrecen un componente crucial de estabilidad, generando ingresos predecibles a lo largo del tiempo.

Criptomonedas

En la búsqueda de oportunidades emergentes, Lucía y
Alejandro consideran la inclusión de criptomonedas en su
cartera. Con un enfoque cauteloso y una comprensión profunda
de la volatilidad asociada, exploran cómo las criptomonedas
pueden ofrecer nuevas vías de crecimiento financiero. Este
paso hacia lo digital implica una investigación exhaustiva y
una gestión cuidadosa del riesgo.

Análisis de Riesgos y Rendimientos:

Cada elección de inversión lleva consigo un equilibrio entre
riesgo y rendimiento. Lucía y Alejandro no solo se centran en
las posibles ganancias, sino que también evalúan
meticulosamente los riesgos asociados. Este análisis de riesgos
y rendimientos guía sus decisiones, asegurando que cada
inversión contribuya a la construcción de su futuro financiero
de manera sólida y sostenible.

Aprendizaje Continuo y Adaptabilidad:

La travesía de Lucía y Alejandro en la comprensión de
diferentes tipos de inversiones no es estática. Reconocen la
importancia del aprendizaje continuo y la adaptabilidad en un
entorno financiero en constante cambio. Mantienen una

mentalidad abierta hacia nuevas oportunidades y ajustan su estrategia según evolucionan sus metas y el panorama económico.

Evaluación del riesgo y la rentabilidad.

Adentrándonos en el corazón del capítulo sobre inversiones, Lucía y Alejandro se sumergen en la esencia de la toma de decisiones financieras: la evaluación del riesgo y la rentabilidad. En esta etapa de su travesía, la pareja se embarca en un análisis profundo que va más allá de los números, buscando no solo maximizar ganancias, sino también entender la interconexión crucial entre el riesgo asumido y los rendimientos esperados.

Análisis del Riesgo:

Lucía y Alejandro reconocen que el riesgo es inherente a cualquier inversión. Sin embargo, en lugar de verlo como una fuerza abstracta, lo desglosan en componentes tangibles. Evalúan la volatilidad de los activos, la estabilidad del mercado y otros factores que podrían afectar el valor de sus inversiones. Este enfoque detallado no solo les permite comprender las posibles fluctuaciones, sino también anticipar y mitigar riesgos específicos.

Tipos de Riesgo Considerados:

No limitan su evaluación del riesgo solo a la volatilidad del mercado. Lucía y Alejandro consideran una variedad de riesgos, desde el riesgo de mercado hasta el riesgo de crédito y el riesgo operativo. Al tener en cuenta estas dimensiones, están mejor equipados para diseñar una cartera resistente que pueda hacer frente a diversas condiciones económicas y eventos inesperados.

Entendimiento de la Rentabilidad:

La rentabilidad, aunque es el objetivo principal de las inversiones, se ve desde una perspectiva más amplia por Lucía y Alejandro. Van más allá de simplemente buscar rendimientos máximos; consideran la relación entre el rendimiento esperado y el riesgo asumido. Esta comprensión les permite establecer expectativas realistas y alinear sus inversiones con sus metas financieras a largo plazo.

Establecimiento de Objetivos de Rendimiento:

La pareja no aborda la rentabilidad de manera genérica. En cambio, establecen objetivos específicos de rendimiento que se alinean con sus metas financieras. Estos objetivos actúan como un marco que guía sus decisiones de inversión, asegurándose de que cada activo en su cartera contribuya de manera significativa hacia el logro de sus aspiraciones financieras.

Diversificación como Estrategia:

Ante la complejidad del riesgo y la rentabilidad, Lucía y Alejandro emplean la estrategia de diversificación. Reconocen que no todas las inversiones reaccionan de la misma manera frente a condiciones del mercado, eventos económicos o crisis. Diversificar su cartera con una variedad de activos les proporciona una capa adicional de protección, ya que las pérdidas en un área pueden ser compensadas por ganancias en otra.

Reducción de Riesgo a Través de Diversificación:

La diversificación no solo se trata de agregar diferentes activos a la cartera, sino también de reducir la exposición a riesgos específicos. Por ejemplo, si bien las acciones pueden ser más volátiles, la inclusión de bonos puede proporcionar estabilidad. Este enfoque meticuloso refleja una comprensión sofisticada de cómo equilibrar riesgos y rendimientos para construir una cartera robusta.

Análisis de Escenarios y Planificación de Contingencias:

Lucía y Alejandro van un paso más allá al incorporar el análisis de escenarios y la planificación de contingencias en su enfoque. Consideran no solo los escenarios de mejor y peor caso, sino también cómo podrían reaccionar a eventos inesperados. Esta preparación les brinda la capacidad de tomar decisiones informadas en momentos de incertidumbre y minimizar el impacto de eventos adversos en su cartera.

Enfoque Prudente ante la Volatilidad:

Ante la volatilidad inherente a los mercados financieros, la pareja adopta un enfoque prudente. Aunque buscan rendimientos atractivos, también están preparados para enfrentar periodos de volatilidad. Esta mentalidad les permite mantener la calma durante fluctuaciones del mercado y tomar decisiones basadas en su estrategia a largo plazo en lugar de reaccionar impulsivamente a eventos a corto plazo.

Monitoreo Continuo y Ajustes Estratégicos:

La evaluación del riesgo y la rentabilidad no es un evento único en la travesía de Lucía y Alejandro; es un proceso continuo. La pareja se compromete a un monitoreo constante de su cartera, ajustando estratégicamente sus inversiones según evolucionan las condiciones del mercado y sus metas financieras. Este enfoque dinámico refleja su disposición a aprender y adaptarse en su viaje de inversión.

Opciones de inversión a considerar.

Entrando en el vasto panorama de opciones de inversión, Lucía y Alejandro exploran diversas alternativas que van más allá de los tradicionales instrumentos financieros. Su enfoque visionario no se limita a las categorías convencionales, sino que se aventura en terrenos menos explorados, buscando oportunidades que se alineen con sus metas y apetitos de riesgo.

Explorando Alternativas Innovadoras:

La pareja reconoce la importancia de diversificar no solo a través de diferentes clases de activos, sino también mediante la exploración de opciones de inversión innovadoras. Su enfoque va más allá de las fórmulas convencionales, explorando oportunidades como inversiones inmobiliarias, startups y nuevas tecnologías. Este dinamismo les permite estar a la vanguardia de las oportunidades emergentes que podrían impulsar su crecimiento financiero.

Inversiones en Innovación:

Con una visión hacia el futuro, Lucía y Alejandro consideran inversiones en empresas innovadoras y tecnologías disruptivas. Su enfoque no se limita a buscar empresas establecidas, sino que también exploran startups con potencial de crecimiento exponencial. Esta mentalidad audaz les permite participar en sectores en evolución y beneficiarse de la expansión de la economía digital.

Consideración de Factores Éticos y Sostenibles:

Más allá de los rendimientos financieros, Lucía y Alejandro incorporan criterios éticos y sostenibles en sus decisiones de inversión. Reconocen que el impacto social y medioambiental de sus inversiones es igualmente importante. Exploran fondos de inversión ética y oportunidades que promuevan prácticas comerciales sostenibles, alineando sus valores con sus elecciones de inversión.

Inversiones Socialmente Responsables:

La pareja valora las inversiones que contribuyen positivamente a la sociedad y al medio ambiente. Consideran fondos que integran criterios ESG (ambientales, sociales y de gobernanza) en su selección, asegurándose de que sus inversiones respalden prácticas éticas y sostenibles. Este enfoque refleja su compromiso con la construcción de un futuro financiero alineado con sus valores.

Inmersión en Mercados Internacionales:

Reconociendo la globalización y la interconexión de los mercados, Lucía y Alejandro exploran activamente oportunidades de inversión en mercados internacionales. Diversifican su cartera más allá de las fronteras nacionales, considerando acciones y activos en economías emergentes y desarrolladas. Esta estrategia no solo les brinda acceso a una amplia gama de oportunidades, sino que también mitiga el riesgo asociado con la concentración en un solo mercado.

Inversiones en Divisas Extranjeras y Mercados Emergentes:

Para aprovechar la diversificación internacional, la pareja examina la posibilidad de invertir en monedas extranjeras y mercados emergentes. Este enfoque no solo les proporciona exposición a sectores y regiones en crecimiento, sino que también les permite beneficiarse de las oportunidades de inversión fuera de su mercado local.

Inversiones Tangibles:

Lucía y Alejandro amplían su horizonte considerando inversiones tangibles, como bienes raíces y metales preciosos. Comprenden que estos activos pueden actuar como refugio en tiempos de volatilidad del mercado y ofrecer una diversificación adicional a su cartera. Esta estrategia refleja su enfoque holístico hacia la construcción de riqueza a lo largo del tiempo.

Inversiones Inmobiliarias como Resguardo de Valor:

La pareja considera inversiones en propiedades, ya que reconocen el valor intrínseco de los bienes raíces. Además de proporcionar potencial aprecio, los bienes inmuebles ofrecen flujos de ingresos estables a través de alquileres. Esta dualidad no solo actúa como un resguardo de valor, sino que también contribuye a la creación de ingresos pasivos a lo largo de su viaje financiero.

Evaluación de Plataformas de Crowdfunding:

Con un enfoque moderno, Lucía y Alejandro exploran plataformas de crowdfunding como una vía para inversiones en proyectos específicos. Analizan cuidadosamente las oportunidades presentadas en plataformas de financiamiento colectivo, diversificando su cartera mediante inversiones en proyectos que resonen con sus intereses y objetivos financieros.

Participación Directa en Proyectos Innovadores:

La pareja considera la posibilidad de invertir directamente en proyectos innovadores a través de crowdfunding. Este enfoque les permite respaldar iniciativas emprendedoras y tecnológicas que pueden tener un impacto significativo en el mercado. Además de los posibles rendimientos financieros, esta estrategia refleja su deseo de contribuir al desarrollo de nuevas ideas y soluciones.

Acciones, bonos y fondos mutuos.

Adentrándonos en las corrientes del mercado financiero, Lucía y Alejandro exploran las opciones clásicas de inversión: acciones, bonos y fondos mutuos. Estos pilares tradicionales del mundo financiero ofrecen a la pareja oportunidades para diversificar su cartera, equilibrando riesgos y rendimientos en su viaje hacia la prosperidad financiera.

Acciones: Participando en la Propiedad Empresarial

Las acciones, representativas de la propiedad en una empresa, son una parte fundamental de la estrategia de inversión de Lucía y Alejandro. Al adquirir acciones, se convierten en accionistas y comparten los beneficios y riesgos asociados con el desempeño de la empresa. Este enfoque no solo les brinda la oportunidad de obtener ganancias mediante la apreciación del valor de las acciones, sino que también les permite participar en el éxito a largo plazo de las empresas en las que invierten.

Selección de Acciones con Visión a Largo Plazo:

La pareja adopta una perspectiva a largo plazo al seleccionar acciones. En lugar de buscar ganancias rápidas, centran su atención en empresas con sólidos fundamentos y un historial comprobado de crecimiento sostenible. Este enfoque estratégico refleja su compromiso con la construcción de riqueza a lo largo del tiempo, aprovechando el potencial de empresas que tienen una base sólida y perspectivas positivas.

Bonos: Explorando la Estabilidad y los Ingresos Fijos

Los bonos, instrumentos de deuda emitidos por gobiernos o empresas, ofrecen a Lucía y Alejandro estabilidad y flujos de ingresos fijos. Al invertir en bonos, prestan su dinero a cambio de pagos de intereses regulares y la devolución del capital al vencimiento. Este componente de su cartera no solo proporciona un elemento de estabilidad, sino que también contribuye a la diversificación al tener activos que no están directamente correlacionados con el rendimiento del mercado de acciones.

Diversificación de Riesgos con Bonos:

Conscientes de la importancia de la diversificación, Lucía y Alejandro seleccionan bonos con diferentes perfiles de riesgo y vencimientos. Al diversificar sus inversiones en bonos, reducen la exposición a riesgos específicos y equilibran su cartera. Este enfoque estratégico les permite mitigar la volatilidad y construir una cartera más resistente a cambios económicos.

Fondos Mutuos: Gestión Profesional de Cartera

Los fondos mutuos, gestionados por profesionales de inversiones, se convierten en un componente esencial en la estrategia de inversión de la pareja. Estos vehículos de inversión permiten a Lucía y Alejandro acceder a una cartera diversificada de acciones, bonos u otros activos, administrada por expertos financieros. Esta opción no solo simplifica la gestión de la cartera, sino que también proporciona un acceso eficiente a una amplia gama de inversiones.

Selección Cuidadosa de Fondos Mutuos:

La pareja realiza una selección minuciosa de fondos mutuos, considerando sus objetivos financieros y tolerancia al riesgo. Optan por fondos gestionados activamente que se alineen con sus metas a largo plazo. Este enfoque les brinda la ventaja de contar con la experiencia de gestores de fondos profesionales, permitiéndoles aprovechar las oportunidades del mercado de manera informada.

Equilibrio entre Riesgo y Rendimiento:

La combinación de acciones, bonos y fondos mutuos en la cartera de Lucía y Alejandro refleja su búsqueda de un equilibrio entre riesgo y rendimiento. Reconocen que cada clase de activo tiene sus propias características y contribuye de manera única a la cartera general. Este enfoque equilibrado les permite aprovechar el potencial de crecimiento asociado con las acciones, al tiempo que mitigan los riesgos mediante la inclusión de activos más estables como bonos.

Reevaluación Continua para Optimizar la Cartera:

Con una visión dinámica, la pareja se compromete a reevaluar continuamente su cartera y ajustarla según las condiciones del mercado y sus objetivos cambiantes. Esta adaptabilidad asegura que su cartera esté alineada con sus necesidades en evolución y les permite aprovechar nuevas oportunidades mientras gestionan riesgos de manera efectiva.

Estrategias de diversificación para mitigar riesgos.

En el vasto paisaje financiero que Lucía y Alejandro exploran, la diversificación se presenta como una brújula esencial en su búsqueda de mitigar riesgos y fortalecer su posición en el mercado. La estrategia de diversificación se convierte en un pilar fundamental de su enfoque de inversión, permitiéndoles equilibrar la búsqueda de rendimientos con la gestión prudente de riesgos.

Diversificación Horizontal: Ampliando el Horizonte de Activos

La pareja adopta la diversificación horizontal, una estrategia que implica invertir en diferentes clases de activos dentro de una misma categoría. Por ejemplo, diversifican su cartera de acciones invirtiendo en empresas de distintos sectores industriales. Esta táctica reduce la vulnerabilidad a los eventos que afectan específicamente a un sector, ya que las pérdidas en un área pueden ser compensadas por ganancias en otra.

Aplicación Cuidadosa de Sectores Diversos:

Lucía y Alejandro no solo diversifican horizontalmente por diversidad, sino que también aplican una cuidadosa selección de sectores. Reconocen que diferentes sectores pueden tener desempeños variables en diferentes fases del ciclo económico. Al asignar estratégicamente activos en áreas que se benefician en distintos momentos, optimizan su cartera para adaptarse a diversas condiciones del mercado.

Diversificación Vertical: Explorando la Profundidad en Clases de Activos

La diversificación vertical encuentra su lugar en la estrategia de Lucía y Alejandro, llevándolos a explorar diferentes categorías de activos. Además de acciones y bonos, consideran activos como bienes raíces, materias primas y otros instrumentos financieros. Esta diversificación vertical les permite reducir la exposición a riesgos específicos de una clase de activo y aprovechar oportunidades en diferentes sectores del mercado.

Inclusión de Activos No Correlacionados:

En su enfoque de diversificación vertical, la pareja incluye activos que tienen baja correlación entre sí. Esto significa que los movimientos en un tipo de activo no están fuertemente vinculados a los movimientos en otro. Al hacerlo, buscan construir una cartera que pueda resistir mejor las fluctuaciones del mercado, ya que las pérdidas en un área pueden ser compensadas por ganancias en otra.

Diversificación Geográfica: Navegando por los Mercados Globales

Con una mirada hacia el horizonte global, Lucía y Alejandro exploran la diversificación geográfica. Esta estrategia implica invertir en diferentes regiones del mundo para reducir el riesgo asociado con la concentración en una ubicación específica. La pareja reconoce que las economías globales pueden experimentar ciclos económicos diferentes, y diversificar geográficamente les proporciona una capa adicional de protección.

Adaptación a Cambios Económicos Mundiales:

Ante la interconexión cada vez mayor de las economías mundiales, Lucía y Alejandro ven la diversificación geográfica como una herramienta clave para adaptarse a cambios económicos globales. Al invertir en mercados emergentes, desarrollados y en transición, se preparan para aprovechar las oportunidades y mitigar riesgos que pueden surgir de eventos económicos a nivel mundial.

Diversificación de Tamaño: Considerando Empresas de Distintas Capitalizaciones

Otra dimensión de la estrategia de diversificación adoptada por Lucía y Alejandro es la diversificación de tamaño. Esta táctica implica invertir en empresas de diferentes capitalizaciones bursátiles, como grandes, medianas y pequeñas empresas. Reconocen que cada categoría de capitalización tiene sus propias dinámicas y riesgos, y la diversificación en este aspecto les brinda exposición a un amplio espectro de oportunidades.

Equilibrio entre Estabilidad y Potencial de Crecimiento:

Al diversificar en términos de tamaño de empresa, la pareja busca un equilibrio entre la estabilidad de las grandes empresas establecidas y el potencial de crecimiento de las empresas más pequeñas y ágiles. Esto les permite beneficiarse de diferentes etapas de crecimiento y desarrollo empresarial, al tiempo que mitigar riesgos asociados con la concentración en una sola categoría de capitalización.

Reequilibrio Regular: Ajustando la Navegación Financiera

Conscientes de que las condiciones del mercado evolucionan con el tiempo, Lucía y Alejandro adoptan la práctica del reequilibrio regular. Esta estrategia implica ajustar la asignación de activos en la cartera para mantener el equilibrio deseado después de cambios en el valor relativo de cada clase de activo. El reequilibrio no solo les permite preservar la diversificación, sino que también los posiciona para aprovechar oportunidades emergentes.

Adaptabilidad a Cambios del Mercado:

La pareja comprende que la diversificación efectiva requiere adaptabilidad. Los mercados y las condiciones económicas cambian, y el reequilibrio regular les brinda la flexibilidad necesaria para ajustar su estrategia según sea necesario. Esta práctica refleja su compromiso continuo con la gestión activa de su cartera y su disposición a tomar decisiones informadas en respuesta a dinámicas cambiantes.

Capítulo 9:

Planificación para el Retiro

Importancia de planificar el futuro juntos.

En la compleja tela de sus finanzas compartidas, Lucía y Alejandro reconocen la imperiosa necesidad de forjar una visión compartida del futuro. Este capítulo se centra en la importancia de alinear sus sueños y aspiraciones para construir un mañana financiero sólido como pareja.

Construyendo Sueños Compartidos:

Para Lucía y Alejandro, planificar el futuro no se trata simplemente de cifras y cuentas bancarias; es una exploración conjunta de los sueños que desean realizar juntos. Dedican tiempo a visualizar el tipo de vida que desean llevar y cómo desean pasar sus años dorados. Desde viajes sosegados hasta dedicarse a pasiones compartidas, esta etapa de planificación implica la co-creación de un futuro lleno de significado y satisfacción.

Considerando la Jubilación y Seguridad Financiera:

Aunque no profundizaremos específicamente en la creación de un plan de retiro conjunto ni en la consideración detallada de factores como la jubilación y la seguridad social, estos aspectos son esenciales en su diálogo sobre el futuro financiero. Lucía y Alejandro reconocen la importancia de asegurar un retiro cómodo y están comprometidos a explorar estrategias que les permitan mantener su calidad de vida deseada en los años venideros.

Evaluando Opciones y Estrategias:

En este proceso de planificación, la pareja evalúa diversas opciones y estrategias para construir un nido financiero sólido. Desde la exploración de planes de jubilación hasta la consideración de inversiones a largo plazo, Lucía y Alejandro buscan vías que les proporcionen estabilidad financiera en sus años de retiro. Se sumergen en la investigación y consultan a profesionales financieros para tomar decisiones informadas.

Ajuste Continuo del Plan:

La vida es dinámica, y Lucía y Alejandro comprenden que su plan para el futuro debe ser igualmente flexible. Mantienen la capacidad de ajustar sus estrategias a medida que evolucionan sus circunstancias y objetivos. Este enfoque adaptativo no solo les brinda tranquilidad, sino que también refuerza su compromiso de enfrentar el futuro como un equipo unido.

Construyendo un Fondo de Retiro Sólido:

Aunque no detallamos la creación de un plan de retiro conjunto, Lucía y Alejandro trabajan diligentemente para construir un fondo de retiro sólido. Contribuyen de manera consistente a sus cuentas de jubilación y exploran oportunidades de inversión que maximizan su crecimiento a lo largo del tiempo. Este enfoque proactivo es fundamental para asegurar que estén preparados financieramente para los desafíos y placeres que la jubilación les depara.

Fomentando la Comunicación Abierta:

En todo este proceso, la comunicación abierta es un pilar fundamental. Lucía y Alejandro comparten sus preocupaciones, esperanzas y expectativas sobre el retiro. Discuten sus prioridades cambiantes y se mantienen al tanto de las decisiones financieras mutuas. Esta transparencia fortalece su vínculo emocional y les permite abordar cualquier desafío que pueda surgir en su camino hacia un futuro financiero compartido.

Incorporando Lecciones del Presente:

Aunque no profundizamos en la creación específica de un plan de retiro, cada elección financiera en el presente se teje en la trama del futuro. Lucía y Alejandro incorporan lecciones aprendidas en el camino, ajustando sus estrategias según sea necesario. Este enfoque reflexivo y adaptativo les permite navegar por las incertidumbres financieras con confianza y resiliencia.

Creación de un plan de retiro conjunto.

En el viaje financiero de Lucía y Alejandro, la creación de un plan de retiro conjunto es un hito crucial que trasciende los números y se adentra en la esencia de sus aspiraciones compartidas. Este proceso no es simplemente una evaluación de cuentas de jubilación y estrategias de inversión; es una construcción consciente de un futuro en el que puedan disfrutar plenamente de la vida después de décadas de dedicación laboral.

Construcción de un Futuro Pleno:

La creación de un plan de retiro conjunto no se limita a establecer metas financieras; implica una reflexión profunda sobre el estilo de vida que desean llevar durante sus años dorados. Lucía y Alejandro visualizan cómo desean pasar su tiempo, las experiencias que desean disfrutar y las metas personales que desean alcanzar. Este proceso de construcción de un futuro pleno da forma a las decisiones financieras que toman en el presente.

Coordinación de Metas y Estrategias:

En la creación de su plan de retiro conjunto, Lucía y Alejandro coordinan sus metas individuales y estrategias financieras. Reconocen la importancia de alinear sus visiones y trabajar juntos para lograr objetivos compartidos. Desde la cantidad de ingresos necesarios para mantener su calidad de vida hasta la gestión de fondos de inversión y cuentas de jubilación, cada elemento se selecciona con el objetivo final en mente.

Incorporación de Estrategias de Inversión:

Dentro de su plan de retiro conjunto, Lucía y Alejandro exploran estrategias de inversión que equilibran el crecimiento de sus activos con la preservación de su capital. Consideran la diversificación de sus carteras, la asignación de activos y la gestión de riesgos. Este enfoque estratégico no solo busca maximizar los rendimientos, sino también proteger su fondo de retiro contra posibles fluctuaciones del mercado.

Análisis Detallado de Flujos de Ingresos:

Parte integral de su plan de retiro es un análisis detallado de los flujos de ingresos. Lucía y Alejandro consideran no solo sus cuentas de jubilación, sino también otras fuentes de ingresos potenciales, como inversiones inmobiliarias o proyectos paralelos. Este enfoque integral garantiza que tengan una comprensión completa de cómo financiarán su estilo de vida deseado en la jubilación.

Consideración de Contingencias:

Aunque están comprometidos con un plan de retiro conjunto, Lucía y Alejandro también reconocen la importancia de contemplar contingencias. Evalúan posibles escenarios inesperados, como gastos médicos imprevistos o cambios en las condiciones del mercado. Esta consideración proactiva de contingencias les brinda tranquilidad y los prepara para abordar cualquier desafío financiero que pueda surgir en el camino.

Mantenimiento de Flexibilidad:

A pesar de la meticulosidad en la creación de su plan de retiro, Lucía y Alejandro mantienen un nivel saludable de flexibilidad. Comprenden que la vida es dinámica y que sus circunstancias pueden cambiar. Están dispuestos a ajustar su plan a medida que evolucionan sus objetivos, manteniendo una mentalidad adaptativa que les permite enfrentar cualquier cambio con confianza.

Revisión y Ajuste Continuo:

La creación de un plan de retiro conjunto no es un evento único, sino un proceso continuo. Lucía y Alejandro se comprometen a revisar y ajustar periódicamente su plan en función de cambios en sus vidas, en el entorno económico y en sus metas personales. Esta práctica reflexiva garantiza que su plan de retiro se mantenga relevante y efectivo a lo largo del tiempo.

Celebración de Hitos Intermedios:

Dentro de la creación de su plan de retiro, Lucía y Alejandro incorporan la celebración de hitos intermedios. Estos no solo actúan como puntos de referencia para evaluar su progreso, sino que también les brindan la oportunidad de reflexionar sobre los logros alcanzados hasta el momento. La celebración de estos hitos refuerza su compromiso y les proporciona momentos de alegría en su viaje hacia la jubilación.

Apoyo Emocional Durante la Planificación:

Además de los aspectos financieros, la creación de un plan de retiro conjunto implica un apoyo emocional mutuo. Lucía y Alejandro reconocen que planificar el futuro puede generar ansiedad y estrés, y se brindan apoyo emocional en cada paso del camino. La conexión emocional que comparten contribuye a fortalecer su unidad y a enfrentar los desafíos con resiliencia.

La creación de un plan de retiro conjunto es un acto de compromiso y amor compartido, una manifestación tangible de su deseo de envejecer juntos con seguridad y satisfacción. En el próximo segmento, exploraremos estrategias para un retiro financiero exitoso sin entrar en la evaluación y ajuste continuo del plan de retiro.

Consideración de factores como la jubilación y la seguridad social.

En el viaje financiero de Lucía y Alejandro, la consideración de factores cruciales como la jubilación y la seguridad social se convierte en un pilar fundamental para construir un futuro financiero sólido y sostenible. Este proceso de planificación no se limita a calcular cifras y proyecciones; implica una comprensión profunda de los sistemas de jubilación y la incorporación de estrategias para maximizar los beneficios disponibles.

Análisis Integral de la Jubilación:

La consideración de la jubilación va más allá de establecer una fecha en el calendario. Lucía y Alejandro se sumergen en un análisis integral que abarca aspectos como la edad de retiro deseada, el estilo de vida esperado y las metas personales durante esta fase de la vida. Evalúan cómo quieren pasar su tiempo y qué gastos pueden surgir durante la jubilación, desde viajes hasta cuidados médicos.

Comprensión Profunda de la Seguridad Social:

En el núcleo de su consideración está una comprensión profunda de la seguridad social. Lucía y Alejandro exploran las complejidades del sistema de seguridad social, incluidos los beneficios disponibles y los requisitos para acceder a ellos. Evalúan estratégicamente cuándo es el momento óptimo para comenzar a recibir beneficios, considerando factores como la edad y las necesidades financieras.

Maximización de Beneficios de Seguridad Social:

Como parte de su planificación, Lucía y Alejandro buscan estrategias para maximizar los beneficios de seguridad social disponibles para ellos. Esto implica explorar opciones como la optimización de la edad de jubilación para recibir beneficios completos, considerando las implicaciones fiscales y planificando de manera que sus ingresos de seguridad social complementen adecuadamente otras fuentes de ingresos durante la jubilación.

Planificación para Contingencias:

Conscientes de la importancia de anticipar posibles contingencias, Lucía y Alejandro incorporan elementos de planificación que abordan eventos inesperados durante la jubilación. Consideran la posible necesidad de atención médica a largo plazo, gastos imprevistos y cualquier cambio en las condiciones económicas que pueda afectar sus ingresos de jubilación. Esta previsión les permite abordar desafíos potenciales con confianza.

Coordinación con Otros Activos de Jubilación:

La consideración de la jubilación se entrelaza con otros activos planificados para este periodo. Lucía y Alejandro coordinan sus cuentas de jubilación privadas, inversiones y otros recursos financieros para crear un enfoque holístico. Este enfoque integrado les permite aprovechar al máximo cada recurso disponible y garantizar un flujo de ingresos estable durante la jubilación.

Evaluación de Factores Externos:

En su análisis, Lucía y Alejandro no pasan por alto la evaluación de factores externos que puedan impactar la jubilación, como cambios en las leyes fiscales o ajustes en los programas de seguridad social. Mantienen una vigilancia constante sobre el entorno financiero y están preparados para ajustar su plan en consecuencia, asegurando una adaptabilidad proactiva a las condiciones cambiantes.

Conexión Emocional Durante la Planificación:

La consideración de la jubilación no solo implica números y estrategias; es un proceso que también aborda la conexión emocional. Lucía y Alejandro comparten sus expectativas y deseos para este período de la vida, asegurándose de estar alineados en cuanto a cómo desean disfrutar de su jubilación. Esta conexión emocional contribuye a construir un plan de jubilación que no solo es financiera, sino también emocionalmente gratificante.

Planificación Sostenible a Largo Plazo:

En última instancia, la consideración de la jubilación para Lucía y Alejandro se traduce en una planificación sostenible a largo plazo. Buscan equilibrar sus metas y necesidades actuales con la seguridad financiera en el futuro. Este enfoque estratégico les proporciona tranquilidad y la capacidad de abrazar la jubilación con la confianza de haber creado un plan sólido y adaptable.

Estrategias para un retiro financiero exitoso.

En la travesía de Lucía y Alejandro hacia un retiro financiero exitoso, exploran estrategias clave que van más allá del ahorro adicional para la jubilación y la evaluación continua del plan. Estas estrategias se centran en la creación de un entorno financiero sólido y adaptable que les permita disfrutar de la jubilación con confianza y seguridad.

Diversificación de Fuentes de Ingresos:

Una estrategia central para Lucía y Alejandro es la diversificación de fuentes de ingresos durante la jubilación. Reconocen la importancia de no depender exclusivamente de una fuente de ingresos y buscan construir un portafolio de activos que genere flujos de efectivo estables. Esto puede incluir inversiones, ingresos de pensiones, ingresos de seguridad social y otras fuentes que contribuyan a la estabilidad financiera.

Exploración de Oportunidades de Ingresos Pasivos:

Además de las fuentes tradicionales de ingresos, Lucía y Alejandro exploran oportunidades de ingresos pasivos. Esto puede involucrar inversiones en bienes raíces, dividendos de acciones o ingresos generados por emprendimientos previos. Al incorporar estas fuentes de ingresos pasivos, buscan crear un colchón financiero adicional que les proporcione flexibilidad y tranquilidad durante la jubilación.

Gestión Eficiente de Gastos:

Una gestión eficiente de gastos es esencial para un retiro financiero exitoso. Lucía y Alejandro analizan detenidamente sus gastos actuales y proyectados, identificando áreas donde pueden optimizar y reducir costos innecesarios. Establecen un presupuesto realista que les permita mantener su calidad de vida deseada sin comprometer la estabilidad financiera a largo plazo.

Planificación para Contingencias de Salud:

Conscientes de que la salud puede ser un factor impredecible en la jubilación, Lucía y Alejandro desarrollan estrategias específicas para contingencias de salud. Esto implica la exploración de planes de seguro de salud adecuados, así como la creación de fondos específicos para cubrir posibles gastos médicos. Esta planificación proactiva les brinda seguridad y mitigación de riesgos en el aspecto de la salud.

Actualización de Testamentos y Planificación Patrimonial:

La planificación para el retiro incluye una actualización integral de testamentos y la planificación patrimonial. Lucía y Alejandro revisan y actualizan sus documentos legales, asegurándose de que sus deseos y disposiciones estén claramente establecidos. Consideran la distribución de activos y la planificación del legado, garantizando una transición suave de su patrimonio en caso de cualquier eventualidad.

Participación Activa en Comunidades y Pasatiempos:

Más allá de las consideraciones financieras, Lucía y Alejandro reconocen la importancia de la participación activa en comunidades y pasatiempos durante la jubilación. Estas actividades no solo enriquecen su calidad de vida, sino que también pueden generar nuevas experiencias y conexiones sociales. Integrar estas dimensiones emocionales y sociales en su planificación contribuye a un retiro más significativo y satisfactorio.

Adaptabilidad a Cambios en el Estilo de Vida:

Entendiendo que el retiro puede traer consigo cambios en el estilo de vida, Lucía y Alejandro abrazan la adaptabilidad. Están abiertos a ajustes en sus planes según evolucionen sus preferencias y circunstancias. Esta adaptabilidad no solo se refiere a cambios en los gastos, sino también a la exploración de nuevas oportunidades y experiencias que puedan surgir durante la jubilación.

Mantenimiento de una Actitud Positiva hacia las Finanzas:

Una actitud positiva hacia las finanzas es fundamental en su estrategia para un retiro financiero exitoso. Lucía y Alejandro cultivan una mentalidad que valora la planificación financiera como una herramienta para lograr sus objetivos y no como una limitación. Esta mentalidad positiva no solo impacta su enfoque hacia el dinero, sino también su bienestar emocional y su capacidad para enfrentar desafíos con resiliencia.

Monitoreo Continuo y Ajustes Estratégicos:

Aunque no se menciona explícitamente la evaluación continua del plan de retiro, Lucía y Alejandro incorporan un enfoque de monitoreo continuo. Están atentos a cambios en el entorno financiero, en sus propias metas y en las condiciones de vida.

Este monitoreo constante les permite realizar ajustes estratégicos según sea necesario, asegurando que su plan de retiro evolucione con ellos a lo largo del tiempo.

Ahorro adicional para la jubilación.

En la travesía financiera de Lucía y Alejandro, el ahorro adicional para la jubilación ocupa un lugar central en su estrategia de planificación. Más allá de las contribuciones habituales a fondos de jubilación, esta práctica específica refleja su compromiso con asegurar un futuro financiero sólido y cómodo durante la etapa de jubilación.

Enfoque Proactivo hacia la Seguridad Financiera:

Lucía y Alejandro adoptan un enfoque proactivo al reconocer la importancia de un ahorro adicional para la jubilación. Entienden que, a pesar de las contribuciones regulares a planes de jubilación y seguridad social, la creación de un fondo adicional es esencial para mantener un nivel de vida deseado y abordar posibles contingencias financieras en la jubilación.

Establecimiento de Metas de Ahorro Claras y Alcanzables:

La pareja no solo ahorra de manera indiscriminada, sino que establece metas de ahorro claras y alcanzables. Definen la cantidad específica que desean acumular para complementar sus otras fuentes de ingresos durante la jubilación. Estas metas actúan como un faro que guía sus esfuerzos de ahorro y les proporciona un marco tangible para evaluar su progreso a lo largo del tiempo.

Identificación de Oportunidades de Inversión Adicionales:

Para maximizar su ahorro adicional, Lucía y Alejandro identifican oportunidades de inversión adicionales. Consideran vehículos de inversión que ofrecen rendimientos sólidos y, al mismo tiempo, gestionan el riesgo de manera prudente. Diversificar sus inversiones contribuye a la construcción de un portafolio robusto que puede generar rendimientos significativos a lo largo del tiempo.

Reevaluación Periódica de Objetivos y Estrategias:

La planificación financiera no es estática, y Lucía y Alejandro lo entienden. Se comprometen a una reevaluación periódica de sus objetivos y estrategias de ahorro. A medida que cambian las circunstancias económicas, sus metas de vida evolucionan y las oportunidades de inversión fluctúan, la pareja ajusta sus planes para garantizar que su estrategia de ahorro siga siendo relevante y efectiva.

Construcción de un Colchón Financiero Adicional:

El ahorro adicional no solo se trata de acumular riqueza; también se trata de construir un colchón financiero adicional. Lucía y Alejandro reconocen la importancia de tener un margen financiero que les permita afrontar imprevistos y contingencias durante la jubilación. Este enfoque preventivo contribuye a la seguridad y estabilidad de su futuro financiero.

Incorporación de Herramientas de Ahorro Específicas:

Además de las contribuciones a planes de jubilación estándar, la pareja incorpora herramientas de ahorro específicas en su estrategia. Esto puede incluir cuentas de inversión individuales, fondos de inversión especializados o cuentas de jubilación autodirigidas. Al personalizar su enfoque de ahorro, Lucía y Alejandro pueden adaptar su estrategia a sus necesidades y objetivos específicos.

Educación Financiera Continua:

El ahorro adicional se ve respaldado por una firme dedicación a la educación financiera continua. La pareja se mantiene informada sobre las tendencias del mercado, las opciones de inversión y las mejores prácticas en gestión financiera. Este compromiso con la educación financiera les permite tomar decisiones informadas y ajustar su estrategia de ahorro según sea necesario.

Recompensas a Largo Plazo:

Lucía y Alejandro comprenden que el ahorro adicional para la jubilación conlleva recompensas a largo plazo. Al comprometerse a este esfuerzo adicional, visualizan una jubilación que no solo les brinde comodidad financiera, sino que también les permita disfrutar de experiencias significativas y cumplir con sus metas personales y familiares.

Conclusión:

En resumen, el ahorro adicional para la jubilación no es simplemente una tarea financiera, sino una estrategia integral que refleja el compromiso y la visión a largo plazo de Lucía y Alejandro. A través de metas claras, diversificación de inversiones y una mentalidad proactiva, la pareja construye un fundamento financiero sólido para su jubilación, con la flexibilidad necesaria para adaptarse a los cambios y aprovechar nuevas oportunidades a lo largo del tiempo.

Evaluación y ajuste continuo del plan de retiro.

En la planificación para un retiro financiero exitoso, Lucía y Alejandro reconocen la importancia crucial de la evaluación y ajuste continuo de su plan de retiro. Este enfoque dinámico refleja su comprensión de que las circunstancias cambian, los objetivos evolucionan y el entorno económico puede presentar desafíos y oportunidades inesperados.

Monitoreo Activo de Rendimiento y Riesgo:

La pareja no adopta un enfoque pasivo hacia su plan de retiro. En cambio, implementan un monitoreo activo de la evolución del rendimiento y riesgo de sus inversiones. Utilizan herramientas financieras y asesoramiento profesional para evaluar regularmente cómo sus activos están contribuyendo a su meta de jubilación. Este monitoreo les permite identificar posibles áreas de mejora y optimización.

Ajuste a Cambios en las Metas y Prioridades:

A medida que avanzan en la vida, Lucía y Alejandro reconocen que sus metas y prioridades pueden cambiar. El plan de retiro no es estático; es adaptable. La pareja se compromete a ajustar su plan en respuesta a cambios en sus objetivos, ya sea la compra de una vivienda adicional, la planificación para la educación de los nietos o la búsqueda de nuevas experiencias en la jubilación.

Reevaluación Frente a Cambios Económicos:

Los factores económicos externos pueden impactar significativamente la efectividad de un plan de retiro. Lucía y Alejandro entienden esto y se comprometen a una reevaluación estratégica cuando hay cambios en las tasas de interés, en la economía o en la legislación financiera. Esta sensibilidad a las condiciones del mercado les permite tomar decisiones informadas y proactivas.

Actualización de Estrategias de Inversión:

La gestión activa de sus inversiones es una piedra angular del enfoque de Lucía y Alejandro. Evalúan regularmente sus estrategias de inversión, considerando la diversificación, el rendimiento histórico y las proyecciones futuras. Esta evaluación periódica les permite ajustar sus carteras de inversión para maximizar rendimientos y mitigar riesgos, alineando sus activos con sus objetivos de jubilación.

Consideración de Variables Inesperadas:

La vida está llena de variables inesperadas, y Lucía y Alejandro integran esta realidad en su planificación. Contingencias como gastos médicos inesperados o cambios en la situación económica general se consideran al evaluar y ajustar el plan de retiro. Esta mentalidad proactiva les permite estar preparados para cualquier eventualidad y mantener la estabilidad financiera.

Adaptación a Avances Tecnológicos y Financieros:

La rápida evolución tecnológica y financiera puede ofrecer nuevas oportunidades y desafíos. Lucía y Alejandro reconocen la importancia de adaptarse a estos cambios. Están dispuestos a explorar nuevas herramientas financieras, tecnologías de inversión y enfoques innovadores que puedan mejorar la eficiencia y efectividad de su plan de retiro.

Comunicación Abierta y Colaboración:

La evaluación y ajuste continuo del plan de retiro no es un esfuerzo individual; es un proceso colaborativo para Lucía y Alejandro. Mantienen una comunicación abierta y transparente sobre sus expectativas, preocupaciones y visiones para la jubilación. Esta colaboración fortalece su comprensión mutua y garantiza que ambos estén alineados en sus esfuerzos para optimizar su plan financiero conjunto.

Flexibilidad ante Cambios en la Longevidad:

A medida que la esperanza de vida aumenta, Lucía y Alejandro reconocen la importancia de la flexibilidad en su plan de retiro. Están preparados para ajustar la planificación financiera a medida que evoluciona su perspectiva sobre la jubilación, permitiéndoles disfrutar de una vida plena en todas las etapas.

Capítulo 10:
Tomando Decisiones Financieras en Pareja

Cómo abordar desacuerdos financieros.

En la travesía financiera de Lucía y Alejandro, abordar desacuerdos financieros se convierte en una habilidad vital para mantener la armonía y la estabilidad en su relación. Esta pareja entiende que, aunque comparten metas y sueños, inevitablemente surgirán diferencias de opinión en el ámbito financiero. Su enfoque no solo se centra en resolver conflictos, sino en fortalecer su conexión emocional y construir una base sólida para la toma de decisiones conjuntas.

Fomento de un Espacio de Diálogo Abierto:

La apertura y la honestidad son pilares clave en el abordaje de desacuerdos financieros para Lucía y Alejandro. En lugar de evitar conversaciones incómodas, crean un espacio seguro donde ambos pueden expresar sus preocupaciones, valores y perspectivas. Este diálogo abierto no solo aclara malentendidos, sino que también fortalece su comprensión mutua, permitiéndoles abordar desafíos financieros desde una base de respeto y empatía.

Exploración Profunda de Motivaciones y Valores:

Cuando surgen desacuerdos financieros, Lucía y Alejandro van más allá de la superficie. Se sumergen en una exploración profunda de sus motivaciones y valores subyacentes. Entienden que las decisiones financieras a menudo están arraigadas en creencias personales y experiencias pasadas. Esta comprensión más profunda les permite encontrar soluciones que no solo aborden el desacuerdo inmediato, sino que también respeten las perspectivas individuales y los valores fundamentales.

Enfoque Constructivo en la Resolución:

En lugar de ver los desacuerdos financieros como obstáculos, Lucía y Alejandro adoptan un enfoque constructivo hacia la resolución. Ven estas diferencias como oportunidades para crecer como pareja y mejorar su toma de decisiones conjuntas. Utilizan el conflicto como un catalizador para la innovación y la mejora continua, buscando soluciones creativas que satisfagan las necesidades de ambos.

Aplicación de Habilidades de Comunicación Efectiva:

Las habilidades de comunicación efectiva son herramientas clave en el arsenal de Lucía y Alejandro para abordar desacuerdos financieros. Se aseguran de escucharse mutuamente sin juicios, validar las preocupaciones del otro y comunicar sus propias necesidades de manera clara y respetuosa. Este enfoque crea un ambiente donde la comunicación fluye de manera fluida, facilitando la búsqueda de soluciones colaborativas.

Compromiso en la Búsqueda de Soluciones Equitativas:

Cuando se enfrentan a desacuerdos financieros, Lucía y Alejandro buscan soluciones equitativas que satisfagan las necesidades de ambos. Adoptan un enfoque de colaboración, donde la toma de decisiones se basa en el compromiso y la búsqueda de un terreno común. Este compromiso no implica ceder por completo en sus posiciones, sino encontrar soluciones que equilibren sus objetivos y valores compartidos.

Establecimiento de Límites para Evitar Conflictos Futuros:

Aprendiendo de experiencias pasadas, Lucía y Alejandro reconocen la importancia de establecer límites claros y expectativas mutuas. Este enfoque preventivo ayuda a evitar desacuerdos financieros recurrentes y establece una estructura sólida para la toma de decisiones. Al tener límites claros, reducen la probabilidad de malentendidos y conflictos, fomentando un ambiente financiero más armonioso.

Integración de Perspectivas Externas:

Cuando los desacuerdos persisten, Lucía y Alejandro están dispuestos a buscar perspectivas externas. Recurren a asesores financieros o expertos en gestión de conflictos para obtener orientación objetiva. Esta integración de perspectivas externas no solo aporta nuevas ideas a la mesa, sino que también fortalece su compromiso con la toma de decisiones informada y bien equilibrada.

Celebración de Acuerdos y Aprendizaje Continuo:

Al llegar a acuerdos, Lucía y Alejandro celebran no solo la resolución del conflicto, sino también el proceso de aprendizaje continuo. Reconocen que cada desacuerdo es una oportunidad para aprender más sobre sí mismos y su dinámica como pareja. Esta celebración de los acuerdos refuerza positivamente su capacidad para abordar desafíos financieros juntos.

Creación de Estrategias Preventivas:

Mirando hacia el futuro, Lucía y Alejandro trabajan en la creación de estrategias preventivas para minimizar la aparición de desacuerdos financieros. Esto implica establecer rutinas regulares de revisión financiera, definir roles y responsabilidades claramente, y mantener una comunicación constante sobre cambios en las metas y prioridades. Estas estrategias preventivas actúan como salvaguardas, fortaleciendo la resiliencia de su relación financiera.

Establecimiento de un proceso para la toma de decisiones conjuntas.

En el camino hacia la construcción de un futuro financiero sólido, Lucía y Alejandro reconocen la importancia fundamental de establecer un proceso claro para la toma de decisiones conjuntas. Este proceso no solo actúa como un marco estructurado, sino que también fortalece su capacidad para abordar desafíos financieros y tomar decisiones informadas y equitativas como pareja.

Creación de un Espacio para el Diálogo:

El proceso de toma de decisiones conjuntas de Lucía y Alejandro comienza con la creación de un espacio dedicado para el diálogo abierto y la comunicación efectiva. Establecen momentos regulares para revisar su situación financiera, discutir metas y abordar cualquier preocupación que pueda surgir. Este espacio proporciona la oportunidad de expresar opiniones de manera libre y constructiva, promoviendo un ambiente de confianza y transparencia.

Identificación y Evaluación de Opciones:

Cuando se enfrentan a decisiones financieras importantes, Lucía y Alejandro se embarcan en un proceso de identificación y evaluación de opciones. Investigan y recopilan información relevante, considerando diversas alternativas y sus posibles impactos. Este enfoque proactivo garantiza que estén debidamente informados antes de tomar decisiones que afectarán su futuro financiero conjunto.

Establecimiento de Objetivos Claros:

Antes de entrar en el proceso de toma de decisiones, Lucía y Alejandro definen objetivos claros y específicos. Estos objetivos actúan como puntos de referencia durante la toma de decisiones, asegurando que las elecciones financieras estén alineadas con sus metas a corto y largo plazo. La claridad en los objetivos también facilita la evaluación de opciones, ya que cada decisión se evalúa en función de su contribución a los objetivos establecidos.

Uso de la Comunicación Efectiva:

La toma de decisiones conjuntas se basa en la comunicación efectiva para Lucía y Alejandro. Utilizan habilidades de escucha activa y expresión clara de sus puntos de vista para garantizar una comprensión mutua. Además, fomentan un ambiente donde cada uno se sienta libre de compartir sus ideas y preocupaciones, facilitando la colaboración y la co-creación de soluciones.

Consolidación de Perspectivas Individuales:

Cada uno de ellos aporta perspectivas únicas a la mesa, y Lucía y Alejandro valoran la diversidad de opiniones. En lugar de ver las diferencias como obstáculos, consideran que estas perspectivas enriquecen su toma de decisiones. Consolidan sus puntos de vista individuales para formar decisiones más holísticas y bien fundamentadas que reflejen sus necesidades y aspiraciones compartidas.

Definición de Roles y Responsabilidades:

En su proceso de toma de decisiones conjuntas, Lucía y Alejandro definen claramente roles y responsabilidades. Cada uno comprende sus contribuciones específicas y las expectativas mutuas en el proceso. Esta definición ayuda a evitar malentendidos y garantiza una distribución equitativa de la carga de la toma de decisiones, fortaleciendo así su colaboración financiera.

Establecimiento de un Marco de Toma de Decisiones:

La pareja ha desarrollado un marco estructurado para la toma de decisiones, que incluye pasos específicos a seguir en cada situación financiera. Este marco les brinda consistencia y claridad, permitiéndoles abordar decisiones financieras de manera sistemática. Al tener un proceso establecido, reducen la incertidumbre y el estrés asociados con las decisiones financieras importantes.

Consideración de Consecuencias a Largo Plazo:

Antes de finalizar cualquier decisión, Lucía y Alejandro consideran cuidadosamente las posibles consecuencias a largo plazo. Evalúan cómo cada elección afectará no solo su situación financiera actual, sino también su capacidad para alcanzar metas futuras. Esta consideración de las ramificaciones a largo plazo garantiza decisiones financieras más informadas y alineadas con su visión a largo plazo.

Revisión y Ajuste Continuo:

El proceso de toma de decisiones conjuntas de Lucía y Alejandro no es estático; es dinámico y adaptable. Se comprometen a revisar y ajustar continuamente su proceso según evolucionan sus metas, circunstancias y aprendizajes.

Esta flexibilidad les permite adaptarse a cambios en su vida financiera y mantener un enfoque ágil en la toma de decisiones.

Celebración de Decisiones Conjuntas:

Cuando llegan a decisiones conjuntas significativas, Lucía y Alejandro no solo las implementan, sino que también las celebran como hitos importantes en su viaje financiero. Esta celebración refuerza positivamente su compromiso mutuo y su capacidad para abordar desafíos financieros como un equipo unido.

Manejo constructivo de desacuerdos sobre inversiones y gastos.

En su viaje conjunto hacia el éxito financiero, Lucía y Alejandro reconocen la inevitabilidad de los desacuerdos financieros y comprenden la importancia de abordarlos de manera constructiva. Han desarrollado un enfoque hábil para manejar desacuerdos sobre inversiones y gastos, priorizando la comunicación efectiva, la comprensión mutua y la búsqueda de soluciones equitativas.

Fomento de un Ambiente Abierto:

En el manejo constructivo de desacuerdos financieros, Lucía y Alejandro fomentan un ambiente donde la apertura y la honestidad son bienvenidas. Establecen la premisa de que cada uno tiene derecho a expresar sus opiniones y preocupaciones sin temor al juicio. Este espacio abierto facilita la discusión franca de desacuerdos, sentando las bases para encontrar soluciones mutuamente satisfactorias.

Práctica de la Escucha Activa:

La escucha activa es una herramienta fundamental en el arsenal de Lucía y Alejandro para abordar desacuerdos financieros. Se esfuerzan por comprender plenamente las perspectivas y preocupaciones del otro antes de responder. Esta práctica no solo fortalece su conexión emocional, sino que también garantiza que ambos se sientan escuchados y respetados durante las conversaciones sobre inversiones y gastos.

Búsqueda de Comprensión Mutua:

En lugar de centrarse únicamente en la defensa de sus propias posiciones, Lucía y Alejandro buscan comprensión mutua durante los desacuerdos financieros. Se esfuerzan por entender los motivos detrás de las preferencias y decisiones financieras del otro. Esta búsqueda de comprensión crea un terreno común donde pueden encontrar soluciones que reflejen los valores y objetivos compartidos.

Identificación de Intereses Comunes:

Cuando surgen desacuerdos sobre inversiones y gastos, Lucía y Alejandro trabajan juntos para identificar los intereses comunes subyacentes. Reconocen que, a pesar de las diferencias de opinión, ambos comparten metas y valores fundamentales. Este enfoque les permite enfocarse en áreas donde hay acuerdo, allanando el camino para llegar a compromisos que satisfagan ambas partes.

Uso de Argumentos Fundamentados:

En lugar de depender de emociones o impulsos momentáneos, Lucía y Alejandro basan sus argumentos en datos y hechos fundamentados. Presentan información concreta que respalde sus perspectivas financieras y buscan evidencia que pueda guiar sus decisiones. Este enfoque objetivo ayuda a reducir la tensión emocional y facilita la resolución lógica de desacuerdos.

Establecimiento de Prioridades Compartidas:

En el manejo de desacuerdos financieros, Lucía y Alejandro reconocen la importancia de establecer prioridades compartidas. Alinean sus decisiones con los objetivos financieros que ambos consideran prioritarios, lo que les permite dirigir sus recursos y esfuerzos hacia metas que ambos valoran. Esta alineación estratégica contribuye a un proceso de toma de decisiones más fluido y armonioso.

Exploración de Alternativas Creativas:

En lugar de quedar atrapados en posiciones rígidas, Lucía y Alejandro practican la exploración de alternativas creativas durante los desacuerdos financieros. Buscan soluciones innovadoras que puedan abordar las preocupaciones de ambos y encontrar un terreno medio. Esta actitud flexible les permite adaptarse a las circunstancias cambiantes y descubrir enfoques financieros que pueden no haber considerado inicialmente.

Compromiso Equitativo:

Cuando llega el momento de tomar decisiones finales sobre inversiones y gastos, Lucía y Alejandro se comprometen a buscar soluciones equitativas. Consideran la equidad como un principio fundamental y buscan compromisos que respeten las necesidades y aspiraciones de ambos. Este compromiso

equitativo fortalece su colaboración financiera y les permite
avanzar juntos, incluso cuando hay desacuerdos.

Revisión Periódica y Aprendizaje Continuo:

Después de resolver desacuerdos, Lucía y Alejandro se
comprometen a realizar revisiones periódicas y aprender de las
experiencias. Analizan lo que funcionó bien y lo que podría
mejorarse en la gestión de desacuerdos financieros. Esta
práctica de revisión constante les permite afinar sus habilidades
de comunicación y toma de decisiones, contribuyendo a un
manejo cada vez más efectivo de los desafíos financieros.

Estrategias para la toma de decisiones conjuntas.

En el proceso de toma de decisiones conjuntas, Lucía y
Alejandro han desarrollado estrategias sólidas que les permiten
navegar por las complejidades financieras como pareja. Estas
estrategias están arraigadas en la comprensión mutua, la
colaboración efectiva y la alineación de objetivos compartidos.
Aquí exploramos las diversas formas en que abordan la toma
de decisiones conjuntas sin mencionar específicamente el uso
de la comunicación efectiva o la creación de un plan de acción.

Alineación de Objetivos Compartidos:

Antes de abordar cualquier decisión financiera, Lucía y Alejandro aseguran que estén alineados en cuanto a sus objetivos compartidos. Identifican las metas financieras que ambos consideran prioritarias y trabajan hacia la realización de estas aspiraciones comunes. Esta alineación estratégica sienta las bases para una toma de decisiones conjuntas más efectiva y centrada en los objetivos.

Comprensión Profunda de Prioridades Individuales:

Aunque buscan la alineación en objetivos compartidos, Lucía y Alejandro también se esfuerzan por comprender las prioridades individuales de cada uno. Reconocen que ambos tienen metas personales y aspiraciones únicas, y buscan integrar estas prioridades individuales en el proceso de toma de decisiones conjuntas. Esta comprensión profunda permite una toma de decisiones más equitativa y respetuosa de las necesidades individuales.

Análisis Riguroso de Opciones:

Antes de tomar decisiones financieras importantes, Lucía y Alejandro se sumergen en un análisis riguroso de las opciones disponibles. Evalúan las posibles rutas, considerando aspectos como riesgo, rentabilidad y alineación con sus metas financieras. Este enfoque analítico garantiza que las decisiones estén fundamentadas en una comprensión sólida de las implicaciones y posibles resultados.

Consulta Mutua en Decisiones Importantes:

En situaciones que implican decisiones financieras significativas, Lucía y Alejandro practican la consulta mutua como parte integral del proceso de toma de decisiones. Cada uno aporta sus perspectivas y opiniones, y ambos participan activamente en la discusión antes de llegar a una conclusión. Esta consulta mutua refleja su compromiso con una toma de decisiones conjuntas basada en el diálogo y la colaboración.

Incorporación de Expertise Externo:

Reconociendo la complejidad del panorama financiero, Lucía y Alejandro están abiertos a incorporar expertise externo en su proceso de toma de decisiones. Ya sea consultando a asesores financieros, buscando la opinión de expertos en inversiones o accediendo a recursos educativos especializados, buscan información adicional que enriquezca su comprensión y mejore la calidad de sus decisiones conjuntas.

Revisión Periódica y Aprendizaje Continuo:

Después de implementar decisiones conjuntas, Lucía y Alejandro llevan a cabo revisiones periódicas para evaluar su efectividad y aprender de la experiencia. Analizan los resultados de las decisiones anteriores, identifican áreas de mejora y ajustan su enfoque según sea necesario. Esta práctica de revisión constante alimenta un ciclo de aprendizaje continuo que mejora su capacidad para tomar decisiones conjuntas informadas.

Establecimiento de Protocolos para Decisiones Rutinarias:

En situaciones donde las decisiones son rutinarias pero aún requieren colaboración, Lucía y Alejandro han establecido protocolos claros. Definen roles y responsabilidades en ciertos aspectos financieros rutinarios, permitiendo una toma de decisiones fluida y eficiente en áreas predefinidas. Esta estructura proporciona claridad y reduce la fricción en decisiones que se repiten con frecuencia.

Celebración de Éxitos y Aprendizajes:

Al celebrar los éxitos y aprender de los desafíos en el proceso de toma de decisiones conjuntas, Lucía y Alejandro fortalecen su capacidad para abordar futuras decisiones financieras de manera efectiva. Reconocen y valoran los aciertos, al tiempo que encuentran lecciones constructivas en las experiencias menos exitosas. Esta mentalidad de celebración y aprendizaje contribuye a un enfoque resiliente y positivo hacia la toma de decisiones conjuntas.

Uso de la comunicación efectiva en la toma de decisiones.

En el dinámico proceso de toma de decisiones conjuntas, Lucía y Alejandro reconocen la importancia fundamental de la comunicación efectiva. Su enfoque va más allá de la simple transmisión de información; implica una comprensión profunda, diálogo abierto y la creación de un espacio seguro para expresar opiniones. Aquí, exploramos cómo incorporan la comunicación efectiva en su toma de decisiones conjuntas, sin mencionar específicamente la creación de un plan de acción para implementar decisiones.

Diálogo Abierto y Escucha Activa:

La base de la comunicación efectiva en la toma de decisiones es el diálogo abierto. Lucía y Alejandro fomentan un ambiente donde ambos se sienten cómodos expresando sus pensamientos y preocupaciones. La escucha activa es una herramienta clave; cada uno se compromete a comprender completamente la perspectiva del otro antes de ofrecer sus propias ideas. Este enfoque facilita una comprensión mutua más profunda y enriquece el proceso de toma de decisiones.

Claridad en la Expresión de Ideas:

Para garantizar que la comunicación sea efectiva, Lucía y Alejandro se esfuerzan por expresar sus ideas con claridad. Evitan ambigüedades y utilizan un lenguaje preciso para transmitir sus pensamientos. Este compromiso con la claridad minimiza malentendidos y garantiza que ambos tengan una comprensión precisa de los temas en discusión, contribuyendo así a decisiones más informadas.

Gestión Constructiva de Desacuerdos:

Donde hay decisiones, puede haber desacuerdos. Lucía y Alejandro han establecido un enfoque constructivo para manejar diferencias de opinión. En lugar de evitar conflictos, lo enfrentan de manera proactiva y buscan soluciones que satisfagan ambas partes. Este enfoque constructivo no solo resuelve desafíos, sino que también fortalece su capacidad para enfrentar futuros desacuerdos de manera colaborativa.

Consideración de Perspectivas Diversas:

La comunicación efectiva implica considerar perspectivas diversas. Lucía y Alejandro reconocen que ambos aportan experiencias y conocimientos únicos al proceso de toma de decisiones. Valorar y considerar estas perspectivas enriquece la gama de opciones y fortalece la calidad de las decisiones conjuntas. Esta apertura a la diversidad de ideas contribuye a soluciones más creativas y equitativas.

Fomento de un Espacio Seguro:

Crear un espacio seguro es esencial para una comunicación efectiva. Lucía y Alejandro se esfuerzan por establecer un entorno donde puedan compartir libremente sus pensamientos sin temor al juicio. Este espacio seguro fomenta la honestidad y la transparencia, permitiendo que las preocupaciones se aborden de manera abierta y constructiva.

Uso de Herramientas de Comunicación:

En el mundo moderno, Lucía y Alejandro aprovechan las herramientas de comunicación disponibles para facilitar el intercambio de ideas. Ya sea a través de reuniones regulares, mensajes electrónicos o plataformas colaborativas en línea, utilizan herramientas que se adaptan a su estilo de vida y facilitan una comunicación continua y efectiva.

Revisión y Retroalimentación Constantes:

Después de tomar decisiones, Lucía y Alejandro realizan revisiones constantes y solicitan retroalimentación sobre el proceso de comunicación. Analizan qué aspectos de la comunicación funcionaron bien y dónde pueden mejorar. Esta mentalidad de mejora continua contribuye a un refinamiento constante de su enfoque de comunicación, fortaleciendo aún más su capacidad para tomar decisiones conjuntas de manera efectiva.

10.2.2 Creación de un plan de acción para implementar decisiones conjuntas.

En el proceso dinámico de toma de decisiones conjuntas, Lucía y Alejandro reconocen la importancia de traducir sus acuerdos en acciones tangibles. La creación de un plan de acción efectivo es fundamental para implementar las decisiones tomadas. Aquí exploramos cómo, sin mencionar específicamente la creación de un plan de acción, transforman sus decisiones en pasos concretos hacia la realización de sus objetivos financieros compartidos.

Desglose de Decisiones en Tareas Concretas:

Una vez que han llegado a una decisión, Lucía y Alejandro trabajan juntos para desglosarla en tareas concretas y manejables. Esta descomposición facilita la ejecución, ya que cada tarea se convierte en un paso alcanzable hacia la implementación de la decisión. Al asignar responsabilidades específicas, aseguran que ambos estén comprometidos y contribuyan activamente a la ejecución.

Establecimiento de Plazos y Cronograma:

La temporalidad es esencial en la implementación efectiva de decisiones. Lucía y Alejandro definen plazos y crean un cronograma realista para cada tarea identificada en su plan de acción. Estos plazos no solo proporcionan una estructura temporal, sino que también establecen expectativas claras sobre cuándo se espera que se completen las acciones acordadas. Esta gestión del tiempo contribuye a mantener el impulso y la disciplina en la ejecución.

Asignación de Recursos:

La implementación de decisiones puede requerir recursos diversos, ya sea tiempo, financiamiento o habilidades específicas. Lucía y Alejandro asignan recursos de manera estratégica, asegurándose de que tengan lo necesario para llevar a cabo las acciones planificadas. Esta asignación cuidadosa de recursos maximiza la eficiencia y minimiza posibles obstáculos durante la ejecución.

Comunicación Clara y Regular:

Mantener una comunicación clara y regular es vital durante la implementación. Lucía y Alejandro se aseguran de compartir actualizaciones sobre el progreso, discutir cualquier desafío que surja y ajustar el plan de acción según sea necesario. Esta comunicación continua no solo mantiene a ambos informados, sino que también fomenta la colaboración constante en la ejecución de las decisiones.

Flexibilidad y Adaptabilidad:

Aunque tienen un plan de acción sólido, Lucía y Alejandro reconocen la importancia de la flexibilidad. La vida está llena de cambios y, en ocasiones, es necesario ajustar el curso. Mantienen una mentalidad adaptable, evaluando continuamente la efectividad de su plan de acción y realizando ajustes según las circunstancias cambiantes. Esta adaptabilidad asegura que el plan siga siendo relevante y efectivo a lo largo del tiempo.

Celebración de Hitos Intermedios:

Al igual que celebran hitos en la consecución de sus metas financieras, Lucía y Alejandro también celebran hitos intermedios en la implementación de decisiones. Estas celebraciones no solo refuerzan el compromiso y la motivación, sino que también ofrecen momentos de reflexión sobre el progreso alcanzado. La celebración de hitos intermedios es una práctica que fortalece su determinación y refuerza la percepción positiva del proceso de implementación.

Aprendizaje Continuo y Mejora:

Cada implementación es una oportunidad de aprendizaje. Lucía y Alejandro buscan continuamente mejorar su enfoque, identificando áreas de eficiencia y oportunidades de optimización. Este enfoque de aprendizaje continuo no solo eleva la calidad de la ejecución, sino que también nutre una mentalidad de mejora constante en su manejo financiero conjunto.

Capítulo 11:

Superando Obstáculos Financieros

Manejo de deudas y crisis financieras.

Enfrentando las dificultades juntos:

En el camino hacia la estabilidad financiera, Lucía y Alejandro reconocen que las crisis y las deudas son inevitables. Para afrontar estos desafíos, han desarrollado un enfoque proactivo y colaborativo que les permite navegar juntos las dificultades.

Comunicación abierta y honesta:

La comunicación transparente es fundamental para su estrategia. Comparten información sobre sus deudas, ingresos y gastos de manera abierta y honesta. Esta transparencia les permite comprender la situación financiera completa y tomar decisiones informadas.

Establecimiento de prioridades:

Juntos, establecen prioridades claras para sus finanzas. Definen qué deudas necesitan ser pagadas primero y cómo distribuir sus recursos disponibles de la manera más eficiente. Esta planificación estratégica les ayuda a avanzar hacia sus objetivos financieros.

Creación de un plan de acción:

Desarrollan un plan de acción específico para abordar las deudas y las crisis financieras. Este plan incluye estrategias para aumentar sus ingresos, reducir sus gastos y negociar con los acreedores. Al trabajar juntos, se mantienen motivados y enfocados en alcanzar sus metas.

Apoyo mutuo:

Durante los momentos difíciles, Lucía y Alejandro se brindan apoyo mutuo. Reconocen que la carga financiera puede ser emocionalmente agotadora, y se ofrecen aliento y comprensión. Este apoyo emocional les permite superar las dificultades y fortalecer su relación.

Adaptabilidad y flexibilidad:

Las crisis financieras pueden ser impredecibles, por lo que Lucía y Alejandro se mantienen adaptables y flexibles. Están dispuestos a ajustar su plan de acción según sea necesario en respuesta a cambios en sus circunstancias. Esta flexibilidad les permite navegar las dificultades de manera efectiva.

Búsqueda de ayuda profesional:

Si la situación lo requiere, no dudan en buscar ayuda profesional de un asesor financiero o un experto en gestión de deudas. Su objetivo es obtener el conocimiento y la asistencia necesaria para superar las dificultades de la manera más eficiente posible.

Aprendizaje y crecimiento:

Cada crisis financiera es una oportunidad para aprender y crecer. Lucía y Alejandro analizan las causas de las dificultades para evitar cometer los mismos errores en el futuro. Esta experiencia les permite fortalecer su capacidad para manejar las finanzas de manera responsable.

Manteniendo una perspectiva positiva:

A pesar de las dificultades, Lucía y Alejandro mantienen una perspectiva positiva. Confían en su capacidad para superar las dificultades juntos y se enfocan en construir un futuro financieramente estable.

Un equipo más fuerte:

Al enfrentar las crisis financieras como un equipo, Lucía y Alejandro fortalecen su relación y su confianza mutua. Esta experiencia les permite desarrollar una mayor comprensión de las necesidades y objetivos del otro, y los une en su camino hacia el éxito financiero.

Evaluación de deudas y creación de un plan de pago.

Comprendiendo la situación financiera:

El primer paso para manejar las deudas es realizar una evaluación completa de la situación financiera. Lucía y Alejandro trabajan juntos para:

Identificar todas las deudas: Compilan una lista completa de todas sus deudas, incluyendo el tipo de deuda, el saldo actual, la tasa de interés y la fecha de vencimiento.

Calcular el total de la deuda: Sumando los saldos de todas las deudas, obtienen una comprensión clara de la magnitud de su carga financiera.

Analizar las tasas de interés: Comparan las tasas de interés de diferentes deudas para determinar cuáles son las más costosas y priorizar su pago.

Evaluar la capacidad de pago: Calculan sus ingresos disponibles y los comparan con sus pagos mensuales de deuda para determinar si pueden pagar sus deudas con sus ingresos actuales.

Establecimiento de prioridades:

Una vez que tienen una comprensión completa de su situación financiera, Lucía y Alejandro establecen prioridades para el pago de sus deudas. Priorizan las deudas con las tasas de interés más altas, ya que estas son las que generan más costos a largo plazo. También consideran la fecha de vencimiento de las deudas y su capacidad de pago.

Creación de un plan de pago:

Basándose en la evaluación de la deuda y las prioridades establecidas, Lucía y Alejandro crean un plan de pago específico. Este plan incluye:

Montos de pago: Determinan cuánto pueden pagar mensualmente para cada deuda.

Calendario de pagos: Establecen un calendario que indica cuándo se pagará cada deuda en su totalidad.

Estrategias de pago: Seleccionan estrategias de pago, como el método de avalancha de deuda o la bola de nieve, para optimizar la eficiencia del pago de la deuda.

Seguimiento y ajuste del plan:

Lucía y Alejandro monitorean regularmente su progreso en el pago de la deuda y realizan ajustes al plan según sea necesario. Actualizan el plan si hay cambios en sus ingresos, gastos o tasas de interés.

Obtención de ayuda profesional:

Si la situación es compleja, consideran buscar ayuda profesional de un asesor financiero o un experto en gestión de deudas. Estos profesionales pueden ayudarlos a desarrollar un plan de pago personalizado y brindarles orientación durante el proceso.

En resumen, la evaluación de la deuda y la creación de un plan de pago son pasos esenciales para tomar el control de las finanzas y alcanzar la estabilidad financiera.

Estrategias para afrontar crisis financieras inesperadas.

Manteniendo la calma:

Ante una crisis financiera inesperada, Lucía y Alejandro se esfuerzan por mantener la calma. Reconocen que el pánico solo empeora la situación y les impide tomar decisiones racionales.

Evaluación de la situación:

Analizan la causa de la crisis y el impacto que tendrá en sus finanzas. Calculan cuánto dinero necesitan para cubrir los gastos inmediatos y determinan qué recursos tienen disponibles.

Comunicación con los acreedores:

Se comunican con sus acreedores de manera honesta y transparente para explicar la situación. Buscan opciones para reestructurar los pagos o negociar una reducción de la deuda.

Reducción de gastos:

Revisan su presupuesto y buscan áreas donde pueden reducir sus gastos. Eliminan gastos superfluos y ajustan su estilo de vida para adaptarse a la nueva realidad financiera.

Aumento de ingresos:

Exploran oportunidades para aumentar sus ingresos. Buscan trabajos adicionales, venden activos o solicitan ayuda financiera a familiares o amigos.

Búsqueda de ayuda profesional:

Si la crisis es grave, consideran buscar ayuda profesional de un asesor financiero o un experto en gestión de crisis. Estos profesionales pueden ayudarlos a desarrollar un plan de acción para superar la crisis.

Manteniendo una actitud positiva:

A pesar de las dificultades, Lucía y Alejandro mantienen una actitud positiva. Confían en su capacidad para superar la crisis juntos y se enfocan en reconstruir su seguridad financiera.

Aprendizaje de la experiencia:

Analizan la crisis para identificar las causas y evitar cometer los mismos errores en el futuro. Esta experiencia les permite fortalecer su capacidad para manejar las finanzas de manera responsable.

En resumen, las estrategias para afrontar crisis financieras inesperadas incluyen mantener la calma, evaluar la situación, comunicarse con los acreedores, reducir gastos, aumentar ingresos, buscar ayuda profesional y mantener una actitud positiva.

Apoyo emocional durante tiempos difíciles.

Las dificultades financieras pueden generar estrés, ansiedad y desánimo. Lucía y Alejandro comprenden la importancia del apoyo emocional durante estos tiempos difíciles y se apoyan mutuamente de diversas maneras:

Comunicación abierta y honesta: Comparten sus sentimientos y preocupaciones con total transparencia, brindando un espacio de comprensión y apoyo mutuo. No solo discuten los detalles prácticos de la situación financiera, sino también cómo se sienten al respecto. Hablan sobre sus miedos, frustraciones y esperanzas, permitiéndoles conectar a un nivel más profundo y fortalecer su vínculo.

Escucha activa: Se prestan atención sin juzgar, validando las emociones del otro y ofreciendo un espacio seguro para expresar sus dificultades. Cuando uno de ellos está preocupado o desanimado, el otro se toma el tiempo para escucharlo atentamente, sin ofrecer soluciones inmediatas. Simplemente escuchan con atención, mostrando empatía y comprensión.

Afirmaciones positivas: Se motivan y alientan mutuamente, recordando sus fortalezas y logros, y expresando confianza en su capacidad para superar las dificultades. En lugar de enfocarse en los aspectos negativos de la situación, se enfocan en sus puntos fuertes y en lo que han logrado juntos en el pasado. Esto les ayuda a mantener una actitud positiva y a seguir adelante.

Compartir responsabilidades: Distribuyen las tareas financieras de manera equitativa, aliviando la carga individual y fortaleciendo el trabajo en equipo. No solo comparten las responsabilidades financieras, sino también las tareas domésticas y el cuidado de los hijos. Esto les permite apoyarse mutuamente y reducir el estrés individual.

Celebración de pequeños logros: Reconocen y celebran juntos cada avance, por pequeño que sea, manteniendo una perspectiva positiva y motivadora. No solo celebran los grandes logros, sino también los pequeños pasos que dan en la dirección correcta. Esto les ayuda a mantener la motivación y a recordar que están progresando.

Actividades que generan bienestar: Buscan actividades que les brinden alegría y satisfacción, como pasar tiempo juntos, realizar hobbies o practicar ejercicio, para aliviar el estrés y fortalecer su conexión emocional. Comparten actividades que les gustan a ambos, como cocinar juntos, salir a caminar o leer un libro. Estas actividades les ayudan a relajarse, divertirse y fortalecer su relación.

Búsqueda de ayuda profesional: Si la carga emocional es demasiado pesada, no dudan en buscar ayuda profesional de un psicólogo o terapeuta familiar. Un profesional puede ayudarlos a manejar el estrés, mejorar la comunicación y fortalecer su relación.

En resumen, el apoyo emocional es fundamental para superar las dificultades financieras. Lucía y Alejandro demuestran que la comunicación abierta, la escucha activa, el apoyo mutuo y la búsqueda de ayuda profesional son claves para mantener una relación fuerte y saludable durante tiempos difíciles.

Más allá de las estrategias mencionadas:

Lucía y Alejandro también reconocen la importancia de cuidar su salud física y mental durante las dificultades financieras. Duermen lo suficiente, comen alimentos saludables y realizan ejercicio regularmente. Además, se toman tiempo para relajarse y disfrutar de momentos juntos, incluso cuando las cosas son difíciles.

Al cuidar su bienestar físico y mental, Lucía y Alejandro se encuentran mejor equipados para afrontar los desafíos financieros y mantener una relación sana y fuerte.

Recuerda que la clave para superar las dificultades financieras es trabajar juntos como un equipo, apoyarse mutuamente y mantener una actitud positiva.

La importancia del apoyo emocional en momentos financieros difíciles.

Un pilar fundamental para la resiliencia:

El apoyo emocional se convierte en un pilar fundamental para la resiliencia individual y colectiva durante los momentos financieros difíciles. Lucía y Alejandro comprenden que, más allá de las estrategias prácticas para afrontar las dificultades, la conexión emocional y el acompañamiento mutuo son esenciales para navegar juntos este tipo de tormentas.

Beneficios del apoyo emocional:

Reduce el estrés y la ansiedad: Compartir las preocupaciones y emociones con una persona de confianza alivia la carga individual y permite procesar las dificultades de forma más saludable.

Fortalece la autoestima y la confianza en uno mismo: El apoyo y la validación de la pareja ayudan a mantener una imagen positiva de sí mismo y a creer en la capacidad para superar los desafíos.

Promueve la comunicación abierta y honesta: La confianza y el espacio seguro dentro de la relación permiten hablar con transparencia sobre las dificultades, evitando la acumulación de resentimiento o frustración.

Fomenta la colaboración y el trabajo en equipo: Unirse como un equipo para enfrentar las dificultades financieras facilita la búsqueda de soluciones conjuntas y la distribución equitativa de responsabilidades.

Aumenta la motivación y la esperanza: El apoyo mutuo y la celebración de pequeños logros mantienen viva la llama de la esperanza y la motivación para seguir adelante.

Estrategias para fortalecer el apoyo emocional:

Comunicación abierta y honesta:

Compartir sentimientos y preocupaciones sin miedo a ser juzgado.

Escuchar atentamente y con empatía al otro.

Validar las emociones y ofrecer apoyo incondicional.

Hablar sobre las dificultades, miedos y esperanzas.

Expresiones de afecto y apoyo:

Mostrar cariño y comprensión a través de palabras, gestos y acciones.

Ofrecer palabras de aliento y reconocimiento.

Celebrar juntos los logros, por pequeños que sean.

Brindar ayuda práctica en las tareas del hogar y el cuidado de la familia.

Tiempo de calidad juntos:

Compartir actividades que generen bienestar y conexión emocional.

Dedicar tiempo a la pareja, incluso en medio de las dificultades.

Practicar hobbies en común o disfrutar de nuevas experiencias.

Crear un espacio seguro para la relajación y el disfrute.

Búsqueda de ayuda profesional:

Si la carga emocional es demasiado pesada, no dudar en buscar ayuda de un psicólogo o terapeuta familiar.

Un profesional puede ayudar a manejar el estrés, mejorar la comunicación y fortalecer la relación.

En resumen, el apoyo emocional es un componente vital para navegar los momentos financieros difíciles. La comunicación abierta, las expresiones de afecto, el tiempo de calidad y la búsqueda de ayuda profesional son estrategias que permiten fortalecer la conexión emocional y construir una resiliencia individual y colectiva.

Recuerda que el amor, la comprensión y el apoyo mutuo son herramientas poderosas para superar las dificultades y construir un futuro financiero más estable y próspero.

Estrategias para fortalecer la conexión emocional durante desafíos financieros.

Manteniendo viva la llama del amor y la conexión:

Los desafíos financieros pueden poner a prueba la conexión emocional de una pareja. Sin embargo, Lucía y Alejandro están decididos a mantener viva la llama del amor y la conexión durante estos tiempos difíciles. A continuación, te presentamos algunas estrategias que implementan:

Comunicación profunda y honesta:

Compartir sentimientos y necesidades: Más allá de hablar sobre las finanzas, se abren a expresar sus emociones, miedos e inseguridades.

Escucha activa y empática: Se prestan atención sin interrupciones, validando las emociones del otro y ofreciendo un espacio seguro para la expresión.

Lenguaje positivo y de apoyo: Utilizan palabras amables y de aliento para fortalecer la autoestima y la confianza mutua.

Agradecimiento y reconocimiento: Expresan gratitud por el apoyo y la comprensión que se brindan mutuamente.

Tiempo de calidad y experiencias compartidas:

Dedicar tiempo a la pareja: Priorizan momentos para conectar a un nivel más profundo, ya sea a través de citas románticas, actividades compartidas o simplemente conversando.

Compartir hobbies e intereses: Disfrutan juntos de actividades que les apasionan, creando recuerdos positivos y fortaleciendo la conexión.

Probar cosas nuevas: Salir de la rutina y explorar nuevas experiencias juntos puede generar emoción y fortalecer el vínculo.

Tocar y abrazos: El contacto físico libera oxitocina, una hormona que genera confianza y afecto.

Expresiones de amor y afecto:

Palabras de afirmación: Expresar amor, admiración y agradecimiento verbalmente.

Actos de servicio: Ayudar con las tareas del hogar, cuidar de los hijos o realizar un favor especial.

Regalos significativos: No tienen que ser costosos, pero sí demostrar que se conoce y se piensa en la otra persona.

Tiempo de calidad: Dedicar tiempo exclusivo para disfrutar de la compañía del otro sin distracciones.

Apoyo mutuo y trabajo en equipo:

Compartir responsabilidades financieras: Distribuir equitativamente las tareas y responsabilidades para aliviar la carga individual.

Celebrar los logros: Reconocer y celebrar juntos cada avance, por pequeño que sea.

Ser comprensivo y paciente: Entender que las dificultades financieras pueden generar estrés y ansiedad en la pareja.

Afrontar los problemas juntos: Buscar soluciones conjuntas a los desafíos financieros, trabajando como un equipo.

Búsqueda de ayuda profesional:

Terapia de pareja: Si la comunicación se vuelve difícil o la conexión se deteriora, buscar ayuda profesional puede ser una opción valiosa.

Talleres y grupos de apoyo: Participar en talleres o grupos de apoyo para parejas que atraviesan dificultades financieras puede brindar herramientas y estrategias adicionales.

En resumen, fortalecer la conexión emocional durante desafíos financieros requiere esfuerzo y dedicación. La comunicación profunda, el tiempo de calidad, las expresiones de amor, el apoyo mutuo y la búsqueda de ayuda profesional son estrategias que pueden ayudar a las parejas a mantener viva la llama del amor y superar juntos las dificultades.

Capítulo 12:
Enseñando a las Futuras Generaciones

Educación financiera para hijos.

La educación financiera es una herramienta esencial para que los niños y jóvenes puedan tomar decisiones responsables sobre su dinero en el futuro. Como padres, Lucía y Alejandro están comprometidos a brindar a sus hijos una sólida formación en este ámbito.

Objetivos de la educación financiera para hijos:

Enseñar el valor del dinero: Los niños deben comprender cómo se gana, gasta y ahorra el dinero.

Desarrollar habilidades básicas de gestión financiera: Deben aprender a elaborar un presupuesto, ahorrar para metas específicas y evitar las deudas innecesarias.

Tomar decisiones responsables: Deben ser capaces de tomar decisiones informadas sobre sus finanzas, tanto presentes como futuras.

Ser consumidores informados: Deben aprender a comparar precios, identificar ofertas engañosas y proteger sus derechos como consumidores.

Estrategias para la educación financiera para hijos:

1. Adaptar la educación a la edad:

Niños pequeños: Enseñarles conceptos básicos como el valor del dinero, el ahorro y la importancia de compartir.

Preadolescentes: Introducir el manejo de pequeñas cantidades de dinero, la elaboración de presupuestos y la toma de decisiones responsables.

Adolescentes: Profundizar en temas como la inversión, el crédito y la planificación financiera para el futuro.

2. Involucrar a los hijos en las finanzas del hogar:

Permitirles participar en la elaboración del presupuesto familiar.

Asignarles tareas relacionadas con las finanzas, como pagar las cuentas o realizar compras.

Compartir con ellos las decisiones financieras importantes que se toman en el hogar.

3. Utilizar recursos educativos:

Existen diversos libros, juegos y plataformas online que pueden ayudar a los niños a aprender sobre finanzas de forma divertida e interactiva.

Aprovechar las actividades cotidianas como ir de compras o pagar la renta para enseñar conceptos financieros.

Buscar la ayuda de profesionales en educación financiera si se requiere.

4. Ser un buen modelo a seguir:

Los padres son los principales modelos de comportamiento para sus hijos. Es importante que ellos mismos practiquen hábitos financieros responsables.

Mostrar a los hijos cómo se ahorra, se invierte y se toma decisiones responsables sobre el dinero.

Hablar abiertamente sobre las finanzas familiares y compartir las experiencias personales.

Beneficios de la educación financiera para hijos:

Mejores decisiones financieras en el futuro: Los niños que reciben educación financiera tienen más probabilidades de tomar decisiones responsables sobre su dinero y alcanzar sus metas financieras.

Menos probabilidades de tener problemas financieros: La educación financiera puede ayudar a prevenir problemas como las deudas y la pobreza.

Mayor seguridad financiera: Los niños que aprenden a manejar su dinero de forma responsable estarán mejor preparados para afrontar los desafíos financieros del futuro.

Mayor confianza en sí mismos: La educación financiera puede ayudar a los niños a desarrollar confianza en su capacidad para tomar decisiones responsables sobre su dinero.

En resumen, la educación financiera para hijos es una inversión en su futuro. Al brindarles las herramientas y el conocimiento necesarios, los padres pueden ayudarlos a alcanzar sus metas financieras y construir una vida más segura y próspera.

Estrategias para enseñar conceptos financieros a diferentes edades.

En el mundo actual, la educación financiera es una herramienta fundamental para que los niños y jóvenes puedan tomar decisiones responsables sobre su dinero en el futuro. Como padres, es crucial que brindemos a nuestros hijos una sólida formación en este ámbito para que puedan alcanzar sus metas financieras y construir una vida más segura y próspera.

Importancia de la educación financiera para hijos:

Mejores decisiones financieras: Los niños que reciben educación financiera tienen más probabilidades de tomar decisiones responsables sobre su dinero y alcanzar sus metas financieras.

Menos problemas financieros: La educación financiera puede ayudar a prevenir problemas como las deudas y la pobreza.

Mayor seguridad financiera: Los niños que aprenden a manejar su dinero de forma responsable estarán mejor preparados para afrontar los desafíos financieros del futuro.

Mayor confianza en sí mismos: La educación financiera puede ayudar a los niños a desarrollar confianza en su capacidad para tomar decisiones responsables sobre su dinero.

Objetivos de la educación financiera para hijos:

Enseñar el valor del dinero: Los niños deben comprender cómo se gana, gasta y ahorra el dinero.

Desarrollar habilidades básicas de gestión financiera: Deben aprender a elaborar un presupuesto, ahorrar para metas específicas y evitar las deudas innecesarias.

Tomar decisiones responsables: Deben ser capaces de tomar decisiones informadas sobre sus finanzas, tanto presentes como futuras.

Ser consumidores informados: Deben aprender a comparar precios, identificar ofertas engañosas y proteger sus derechos como consumidores.

Estrategias para la educación financiera para hijos:

1. Adaptar la educación a la edad:

Niños pequeños (3-6 años):

Enseñar el valor del dinero a través de juegos y actividades cotidianas.

Fomentar el ahorro utilizando huchas o alcancías.

Promover la responsabilidad permitiéndoles tomar pequeñas decisiones sobre cómo gastar su dinero.

Utilizar cuentos y canciones para enseñar conceptos financieros de forma divertida.

Preadolescentes (7-12 años):

Introducir el manejo del dinero dándoles una pequeña cantidad para que la administren de forma responsable.

Enseñar a elaborar un presupuesto ayudándoles a crear un plan para sus gastos y ahorros.

Explicar la importancia de las decisiones responsables mostrando las consecuencias de tomar decisiones impulsivas sobre el dinero.

Involucrarlos en las finanzas del hogar permitiéndoles participar en la elaboración del presupuesto familiar.

Adolescentes (13-18 años):

Profundizar en temas financieros introduciendo conceptos como la inversión, el crédito y la planificación financiera.

Ayudarles a establecer metas financieras orientándolos en la definición de metas a corto, mediano y largo plazo.

Enseñarles a manejar el crédito de forma responsable brindándoles herramientas para evitar el sobreendeudamiento.

Prepararlos para la vida independiente ayudándoles a desarrollar habilidades para manejar sus finanzas de forma autónoma.

2. Involucrar a los hijos en las finanzas del hogar:

Permitirles participar en la elaboración del presupuesto familiar.

Asignarles tareas relacionadas con las finanzas, como pagar las cuentas o realizar compras.

Compartir con ellos las decisiones financieras importantes que se toman en el hogar.

3. Utilizar recursos educativos:

Existen diversos libros, juegos y plataformas online que pueden ayudar a los niños a aprender sobre finanzas de forma divertida e interactiva.

Aprovechar las actividades cotidianas como ir de compras o pagar la renta para enseñar conceptos financieros.

Buscar la ayuda de profesionales en educación financiera si se requiere.

4. Ser un buen modelo a seguir:

Los padres son los principales modelos de comportamiento para sus hijos. Es importante que ellos mismos practiquen hábitos financieros responsables.

Mostrar a los hijos cómo se ahorra, se invierte y se toma decisiones responsables sobre el dinero.

Hablar abiertamente sobre las finanzas familiares y compartir las experiencias personales.

5. Fomentar la comunicación abierta:

Crear un espacio de confianza donde los hijos puedan hablar con sus padres sobre sus dudas y preocupaciones sobre el dinero.

Escuchar atentamente y sin juzgar sus inquietudes.

Brindarles apoyo y orientación para que puedan tomar decisiones financieras responsables.

Recursos adicionales:

Libros:

"El pequeño libro del dinero para niños" de Robert Kiyosaki

"¡Dólares para ti!" de Carmen Wong

"Finanzas para jóvenes" de Gerri Detweiler

Juegos:

Monopoly Junior

Cashflow for Kids

The Game of Life

Plataformas online:

Junior Achievement: https://www.ja.org/

The National Financial Educators Council: https://www.nfe совета.org/

Jumpstart Coalition for Personal Financial Literacy: https://www.jumpstart.org/

Money as You Grow: [URL non valido rimosso]

The Mint: https://www.themint.org/

Consejos adicionales:

Comenzar temprano: Es importante comenzar a enseñar a los niños sobre el dinero desde una edad temprana.

Ser paciente: El aprendizaje lleva tiempo. No espere que sus hijos comprendan todo de inmediato.

Hacerlo divertido: Utilice juegos, actividades y otras formas interactivas para que el aprendizaje sea divertido.

Ser positivo: Enfatiza los aspectos positivos del dinero y cómo se puede usar para alcanzar metas.

Ser un buen modelo a seguir: Los niños aprenden observando a los adultos en sus vidas. Demuestre hábitos financieros responsables.

En resumen, la educación financiera es un regalo invaluable que podemos brindar a nuestros hijos. Al dedicar tiempo y esfuerzo a enseñarles sobre el dinero, podemos ayudarlos a construir un futuro más seguro y próspero.

Recuerda que la educación financiera es un proceso continuo que debe adaptarse a la edad y madurez de cada niño. Al utilizar estrategias adecuadas y brindarles recursos de apoyo, los padres pueden ayudar a sus hijos a desarrollar las habilidades necesarias para tomar decisiones financieras responsables en el futuro.

Creación de hábitos financieros saludables desde la infancia.

La importancia de la formación temprana:

Lucía y Alejandro comprenden que la infancia es la etapa ideal para inculcar en sus hijos hábitos financieros saludables que les acompañarán durante toda su vida. A continuación, te presentamos algunas estrategias para fomentar estos hábitos desde temprana edad:

1. Enseñar el valor del dinero:

Explicar cómo se gana el dinero: Mostrar a los niños cómo se obtiene el dinero a través del trabajo y el esfuerzo.

Relacionar el dinero con el trabajo: Ayudarles a entender que el dinero no es ilimitado y que hay que trabajar para obtenerlo.

Establecer un sistema de recompensas: Implementar un sistema que les recompense por alcanzar metas relacionadas con el ahorro o el buen uso del dinero.

2. Fomentar el ahorro:

Utilizar huchas o alcancías: Permitirles tener un lugar especial para guardar sus ahorros y visualizar su progreso.

Establecer metas de ahorro: Ayudarles a establecer metas de ahorro alcanzables y motivarlos a alcanzarlas.

Inculcar el valor del ahorro a largo plazo: Enseñarles que el ahorro no solo es para el presente, sino también para el futuro.

3. Promover el consumo responsable:

Comparar precios: Ayudarles a comparar precios antes de realizar una compra.

Evitar las compras impulsivas: Enseñarles a pensar antes de comprar y a no dejarse llevar por la publicidad.

Valorar la diferencia entre necesidades y deseos: Ayudarles a diferenciar entre lo que realmente necesitan y lo que simplemente desean.

4. Inculcar la responsabilidad financiera:

Asignarles tareas relacionadas con el dinero: Permitirles participar en la elaboración del presupuesto familiar o en la gestión de sus propias finanzas.

Enseñarles a manejar una pequeña cantidad de dinero: Darles una pequeña cantidad de dinero para que aprendan a administrarlo de forma responsable.

Explicarles las consecuencias de las malas decisiones financieras: Mostrarles que las decisiones financieras tienen consecuencias, tanto positivas como negativas.

5. Ser un buen modelo a seguir:

Practicar hábitos financieros responsables: Los niños aprenden observando a los adultos en sus vidas. Es importante que los padres demuestren hábitos financieros responsables.

Hablar abiertamente sobre las finanzas: Compartir con los hijos las decisiones financieras importantes que se toman en el hogar.

Fomentar la comunicación abierta: Crear un espacio de confianza donde los hijos puedan hablar con sus padres sobre sus dudas y preocupaciones sobre el dinero.

Recursos adicionales:

Libros:

"El pequeño libro del dinero para niños" de Robert Kiyosaki

"¡Dólares para ti!" de Carmen Wong

"Finanzas para jóvenes" de Gerri Detweiler

Juegos:

Monopoly Junior

Cashflow for Kids

The Game of Life

Plataformas online:

Junior Achievement: https://www.ja.org/

The National Financial Educators Council: https://www.nfe совета.org/

Jumpstart Coalition for Personal Financial Literacy: https://www.jumpstart.org/

Al implementar estas estrategias desde la infancia, los padres pueden ayudar a sus hijos a desarrollar hábitos financieros saludables que les acompañarán durante toda su vida, permitiéndoles tomar decisiones responsables sobre su dinero y alcanzar sus metas financieras.

Transmitir valores financieros a la siguiente generación.

La transmisión de valores financieros a la siguiente generación es una responsabilidad crucial que recae sobre los padres. En un mundo cada vez más complejo, es fundamental que los niños y jóvenes aprendan a manejar su dinero de forma responsable para alcanzar sus metas financieras y construir un futuro próspero.

Importancia de la transmisión de valores financieros:

Promueve la seguridad financiera: Los valores financieros ayudan a los niños a tomar decisiones responsables sobre su dinero, previniendo problemas como las deudas y la pobreza.

Fomenta la independencia: Al enseñarles a manejar su dinero de forma autónoma, se les prepara para afrontar los desafíos financieros de la vida adulta.

Genera confianza en sí mismos: La capacidad de tomar decisiones financieras responsables les brinda a los niños y jóvenes la confianza que necesitan para alcanzar sus metas.

Fortalece las relaciones familiares: Hablar abiertamente sobre el dinero y compartir valores financieros puede fortalecer la comunicación y la confianza entre padres e hijos.

Valores financieros esenciales para transmitir:

Responsabilidad: Enseñarles a los niños que el dinero se gana con esfuerzo y que deben ser responsables de su uso.

Trabajo duro: Mostrarles que el éxito financiero se logra a través del trabajo y la dedicación.

Ahorro: Inculcarles la importancia del ahorro para alcanzar metas a corto, mediano y largo plazo.

Planificación: Ayudarles a desarrollar la capacidad de planificar sus gastos y ahorrar para el futuro.

Generosidad: Fomentar el valor de compartir con los demás y ayudar a los menos afortunados.

Estrategias para transmitir valores financieros:

Ser un buen modelo a seguir: Los niños aprenden observando a los adultos en sus vidas. Es fundamental que los padres demuestren hábitos financieros responsables.

Hablar abiertamente sobre el dinero: Compartir con los hijos las decisiones financieras importantes que se toman en el hogar.

Involucrarlos en las finanzas del hogar: Permitirles participar en la elaboración del presupuesto familiar o en la gestión de sus propias finanzas.

Utilizar recursos educativos: Existen diversos libros, juegos y plataformas online que pueden ayudar a los niños a aprender sobre finanzas de forma divertida e interactiva.

Fomentar la comunicación abierta: Crear un espacio de confianza donde los hijos puedan hablar con sus padres sobre sus dudas y preocupaciones sobre el dinero.

Beneficios de transmitir valores financieros:

Mejores decisiones financieras en el futuro: Los niños que crecen con valores financieros sólidos tienen más probabilidades de tomar decisiones responsables sobre su dinero y alcanzar sus metas financieras.

Menos problemas financieros: Los valores financieros pueden ayudar a prevenir problemas como las deudas y la pobreza.

Mayor seguridad financiera: Los niños que aprenden a manejar su dinero de forma responsable estarán mejor preparados para afrontar los desafíos financieros del futuro.

Mayor confianza en sí mismos: La capacidad de tomar decisiones financieras responsables les brinda a los niños y jóvenes la confianza que necesitan para alcanzar sus metas.

Relaciones familiares más fuertes: Hablar abiertamente sobre el dinero y compartir valores financieros puede fortalecer la comunicación y la confianza entre padres e hijos.

Modelado de comportamientos financieros positivos.

Los niños aprenden principalmente observando a los adultos en sus vidas. Los padres son los modelos más importantes para sus hijos, y sus comportamientos financieros tienen un impacto significativo en cómo los niños aprenden a manejar el dinero.

Importancia de modelar comportamientos financieros positivos:

Los niños aprenden por imitación: Si los padres demuestran hábitos financieros responsables, es más probable que los hijos adopten esos mismos comportamientos.

Los valores financieros se transmiten en el hogar: Las conversaciones sobre el dinero y las decisiones financieras que se toman en el hogar influyen en la forma en que los niños perciben el dinero.

Los comportamientos positivos generan confianza: Cuando los niños ven que sus padres manejan el dinero de forma responsable, se sienten más seguros y confiados para tomar sus propias decisiones financieras en el futuro.

Comportamientos financieros positivos que los padres pueden modelar:

Establecer un presupuesto y seguirlo: Mostrar a los hijos cómo se planifica y administra el dinero de forma responsable.

Ahorrar regularmente: Inculcarles la importancia del ahorro para alcanzar metas a corto, mediano y largo plazo.

Gastar de forma responsable: Enseñarles a diferenciar entre necesidades y deseos, y a tomar decisiones de compra inteligentes.

Evitar las deudas: Mostrarles los riesgos y consecuencias de las deudas, y cómo evitarlas.

Ser generosos: Fomentar el valor de compartir con los demás y ayudar a los menos afortunados.

Consejos para modelar comportamientos financieros positivos:

Hablar abiertamente sobre el dinero: Compartir con los hijos las decisiones financieras importantes que se toman en el hogar.

Involucrarlos en las finanzas del hogar: Permitirles participar en la elaboración del presupuesto familiar o en la gestión de sus propias finanzas.

Utilizar recursos educativos: Existen diversos libros, juegos y plataformas online que pueden ayudar a los niños a aprender sobre finanzas de forma divertida e interactiva.

Ser honesto y transparente: Mostrar a los hijos que se pueden cometer errores, y cómo aprender de ellos.

Celebrar los logros: Reforzar los comportamientos financieros positivos con elogios y reconocimiento.

Al modelar comportamientos financieros positivos, los padres pueden brindar a sus hijos las herramientas y la confianza que necesitan para tomar decisiones responsables sobre su dinero en el futuro.

Creación de un ambiente propicio para la comprensión y respeto del dinero.

El hogar es el espacio ideal para que los niños y jóvenes aprendan sobre el valor del dinero y la importancia de manejarlo de forma responsable. Crear un ambiente propicio para la comprensión y el respeto del dinero es fundamental para que los niños desarrollen hábitos financieros saludables.

Características de un ambiente propicio para la comprensión y el respeto del dinero:

Comunicación abierta: Se habla abiertamente sobre el dinero, las finanzas del hogar y las decisiones financieras que se toman.

Respeto por el dinero: Se enseña a los niños que el dinero se gana con esfuerzo y que debe ser utilizado de forma responsable.

Oportunidades de aprendizaje: Se les brinda a los niños oportunidades para aprender sobre finanzas a través de juegos, actividades y conversaciones.

Involucración en las finanzas del hogar: Se les permite participar en la elaboración del presupuesto familiar o en la gestión de sus propias finanzas.

Espacio para la reflexión: Se les anima a pensar críticamente sobre sus decisiones de compra y a considerar las consecuencias de sus acciones.

Consejos para crear un ambiente propicio para la comprensión y el respeto del dinero:

Hablar con los niños sobre el dinero: Compartir con ellos información sobre cómo se gana, gasta y ahorra el dinero.

Involucrarlos en las decisiones financieras del hogar: Permitirles participar en la elaboración del presupuesto familiar o en la gestión de sus propias finanzas.

Utilizar recursos educativos: Existen diversos libros, juegos y plataformas online que pueden ayudar a los niños a aprender sobre finanzas de forma divertida e interactiva.

Ser un buen modelo a seguir: Mostrar a los niños cómo se maneja el dinero de forma responsable.

Fomentar la responsabilidad: Enseñarles a los niños que el dinero tiene un valor y que deben ser responsables de su uso.

Celebrar los logros: Reforzar los comportamientos financieros positivos con elogios y reconocimiento.

Al crear un ambiente propicio para la comprensión y el respeto del dinero, los padres pueden ayudar a sus hijos a desarrollar una relación sana con el dinero y a tomar decisiones responsables sobre sus finanzas en el futuro.

Capítulo 13:

Celebrando Éxitos Financieros Juntos

Reconocimiento de logros financieros compartidos.

Celebrar los logros financieros de los niños y jóvenes es una parte importante de la educación financiera. El reconocimiento positivo les ayuda a sentirse orgullosos de sus accomplishments, a reforzar los comportamientos financieros responsables y a desarrollar la confianza en sí mismos para tomar decisiones financieras en el futuro.

Importancia de reconocer los logros financieros:

Refuerza los comportamientos positivos: Cuando se celebra el ahorro, la planificación financiera y la toma de decisiones responsables, se incentiva a los niños a continuar con estos hábitos.

Aumenta la autoestima: El reconocimiento positivo ayuda a los niños a sentirse orgullosos de sus logros y a desarrollar la confianza en sí mismos.

Motiva a seguir adelante: Celebrar los éxitos financieros puede motivar a los niños a seguir esforzándose por alcanzar sus metas.

Fortalece la relación entre padres e hijos: Compartir el éxito financiero y celebrarlo juntos crea un vínculo de confianza y apoyo entre padres e hijos.

Formas de reconocer los logros financieros:

Elogios verbales: Expresarles a los niños lo orgullosos que están de ellos por sus logros financieros.

Recompensas tangibles: Ofrecerles pequeñas recompensas, como una salida especial o un regalo, por alcanzar metas específicas.

Actividades especiales: Celebrar juntos los logros financieros con una actividad familiar especial.

Cartas o tarjetas de felicitación: Escribirles una carta o tarjeta expresando su orgullo y felicitándolos por su logro.

Compartir el éxito con la familia: Compartir con la familia y amigos los logros financieros de los niños.

Consejos para reconocer los logros financieros:

Ser específicos: Enfatizar el comportamiento o la decisión financiera que se está celebrando.

Ser sinceros: Asegurarse de que el reconocimiento sea genuino y sincero.

Ser consistente: Celebrar los logros financieros de forma regular para mantener la motivación.

Adaptar el reconocimiento a la edad: Elegir un tipo de reconocimiento adecuado a la edad y madurez del niño.

Fomentar la participación: Involucrar a los niños en la elección de cómo celebrar sus logros.

Al reconocer los logros financieros de los niños y jóvenes, los padres pueden ayudarlos a desarrollar una relación sana con el dinero y a tomar decisiones responsables sobre sus finanzas en el futuro.

Celebración de hitos financieros importantes.

Los hitos financieros importantes, como la apertura de una primera cuenta de ahorros, la compra de un primer activo o la graduación de la universidad, representan momentos de gran significado en la vida de los niños y jóvenes. Celebrar estos hitos de forma especial puede ayudarlos a fortalecer su relación con el dinero, aumentar su autoestima y desarrollar la confianza en sí mismos para tomar decisiones financieras responsables en el futuro.

Importancia de celebrar hitos financieros importantes:

Marca un logro significativo: Los hitos financieros representan un progreso tangible en la educación financiera y el desarrollo de la responsabilidad económica de los niños.

Refuerza la confianza en sí mismos: Celebrar estos logros les ayuda a sentirse orgullosos de sus accomplishments y a desarrollar la confianza en su capacidad para manejar el dinero.

Fomenta la motivación: Reconocer el esfuerzo y la dedicación detrás de cada hito financiero puede motivarlos a seguir adelante y alcanzar nuevas metas.

Crea un vínculo familiar positivo: Compartir la alegría de estos momentos especiales con la familia fortalece la comunicación y el apoyo entre padres e hijos.

Ideas para celebrar hitos financieros importantes:

Apertura de una primera cuenta de ahorros:

Organizar una pequeña fiesta: Invitar a familiares y amigos a celebrar la apertura de la cuenta y explicarles la importancia del ahorro.

Regalar un libro sobre finanzas: Ayudarles a aprender más sobre el ahorro y la administración del dinero.

Establecer una meta de ahorro: Ayudarles a establecer una meta de ahorro alcanzable y celebrar juntos cuando la alcancen.

Compra de un primer activo:

Organizar una cena especial: Celebrar en familia la compra del primer activo, como un vehículo o una vivienda.

Compartir historias sobre la inversión: Contarles historias sobre cómo se ha logrado la compra del activo y las decisiones financieras que se han tomado.

Involucrarlos en la gestión del activo: Permitirles participar en la toma de decisiones relacionadas con la gestión del activo.

Graduación de la universidad:

Organizar una fiesta de graduación: Celebrar el logro académico y el comienzo de una nueva etapa en la vida financiera.

Regalar un curso de finanzas personales: Ayudarles a prepararse para afrontar los desafíos financieros de la vida adulta.

Ofrecer apoyo y asesoramiento: Brindarles apoyo y asesoramiento para tomar decisiones financieras responsables en su nueva etapa.

Consejos para celebrar hitos financieros importantes:

Adaptar la celebración a la edad: Elegir un tipo de celebración adecuado a la edad y madurez del niño.

Involucrar a los niños en la planificación: Permitirles participar en la planificación de la celebración.

Compartir el logro con la familia: Involucrar a la familia y amigos en la celebración del hito financiero.

Enfatizar el significado del logro: Explicarles la importancia del hito financiero y el esfuerzo que hay detrás de él.

Fomentar la conversación sobre el dinero: Aprovechar la ocasión para hablar con los niños sobre la importancia de la educación financiera y la responsabilidad económica.

Al celebrar los hitos financieros importantes de los niños y jóvenes, los padres pueden ayudarlos a desarrollar una relación sana con el dinero y a tomar decisiones responsables sobre sus finanzas en el futuro.

Importancia de reflexionar sobre el progreso financiero.

La reflexión sobre el progreso financiero es un componente esencial para el desarrollo de una relación sana con el dinero. Animar a los niños y jóvenes a reflexionar sobre sus logros financieros, sus hábitos de consumo y sus metas a corto y largo plazo les permite tomar decisiones más responsables e informadas en el futuro.

Importancia de la reflexión sobre el progreso financiero:

Fomenta la autoconciencia financiera: Permite a los niños y jóvenes comprender mejor sus propios hábitos de consumo y su relación con el dinero.

Desarrolla la capacidad de análisis: Les ayuda a analizar sus decisiones financieras y a identificar áreas de mejora.

Promueve la responsabilidad financiera: Los motiva a tomar decisiones más responsables y a establecer metas financieras alcanzables.

Refuerza la autoestima: Celebrar el progreso financiero les ayuda a sentirse orgullosos de sus logros y a desarrollar la confianza en sí mismos.

Estrategias para fomentar la reflexión sobre el progreso financiero:

Establecer un tiempo regular para la reflexión: Designar un momento específico de la semana o del mes para reflexionar sobre el progreso financiero.

Utilizar herramientas de seguimiento: Ayudarles a utilizar herramientas como apps o cuadernos para registrar sus gastos y ahorros.

Realizar actividades de aprendizaje: Involucrarlos en actividades que les enseñen sobre finanzas personales, como juegos o cursos online.

Compartir experiencias y consejos: Compartir con ellos sus propias experiencias y consejos sobre el manejo del dinero.

Fomentar la comunicación abierta: Crear un espacio de confianza donde puedan hablar sobre sus dudas y preocupaciones financieras.

Consejos para fomentar la reflexión sobre el progreso financiero:

Adaptar el enfoque a la edad: Elegir estrategias y actividades adecuadas a la edad y madurez del niño.

Ser positivo y motivador: Enfatizar los logros y el progreso, en lugar de los errores.

Fomentar la autoevaluación: Ayudarles a identificar sus propios puntos fuertes y áreas de mejora.

Celebrar los logros: Reconocer y celebrar el progreso financiero, por pequeño que sea.

Ser paciente: La reflexión sobre el progreso financiero es un proceso continuo que requiere tiempo y esfuerzo.

Al fomentar la reflexión sobre el progreso financiero, los padres pueden ayudar a sus hijos a desarrollar una relación sana con el dinero y a tomar decisiones responsables sobre sus finanzas en el futuro.

Planificación de futuros éxitos.

a planificación financiera es una habilidad fundamental para alcanzar el éxito en la vida. Ayudar a los niños y jóvenes a desarrollar la capacidad de planificar sus finanzas les permite establecer metas alcanzables, tomar decisiones responsables y construir un futuro próspero.

Importancia de la planificación financiera:

Alcanza metas a corto y largo plazo: Permite a los niños y jóvenes ahorrar para las cosas que son importantes para ellos, como una educación universitaria, un viaje o la compra de una vivienda.

Reduce el estrés financiero: La planificación financiera ayuda a prevenir problemas como las deudas y la pobreza.

Proporciona tranquilidad: Saber que se tiene un plan para el futuro puede brindar una gran tranquilidad y seguridad.

Fomenta la responsabilidad financiera: Enseña a los niños y jóvenes a tomar decisiones responsables sobre su dinero.

Etapas de la planificación financiera:

Establecer metas: Ayudar a los niños a identificar sus metas a corto y largo plazo, tanto personales como financieras.

Evaluar la situación financiera actual: Analizar los ingresos, gastos y ahorros actuales.

Desarrollar un plan de acción: Crear un plan que detalle cómo se alcanzarán las metas financieras.

Implementar el plan: Poner en marcha el plan de acción y realizar un seguimiento regular del progreso.

Ajustar el plan según sea necesario: Adaptar el plan a medida que cambian las circunstancias.

Herramientas para la planificación financiera:

Presupuestos: Ayudar a los niños a crear un presupuesto que les ayude a controlar sus gastos y ahorrar para sus metas.

Cuentas de ahorro: Incentivar la apertura de cuentas de ahorro para diferentes objetivos.

Inversiones: Enseñarles sobre las diferentes opciones de inversión y cómo hacer crecer su dinero.

Seguros: Brindarles información sobre los diferentes tipos de seguros y su importancia.

Consejos para ayudar a los niños a planificar su futuro financiero:

Comenzar temprano: Es importante empezar a hablar de dinero con los niños desde una edad temprana.

Ser un buen modelo a seguir: Los niños aprenden observando a los adultos en sus vidas.

Involucrarlos en el proceso de planificación: Permitirles participar en la toma de decisiones financieras.

Utilizar herramientas y recursos educativos: Existen diversos libros, juegos y plataformas online que pueden ayudar a los niños a aprender sobre finanzas de forma divertida e interactiva.

Ser paciente: La planificación financiera es un proceso continuo que requiere tiempo y esfuerzo.

Al ayudar a los niños y jóvenes a desarrollar la capacidad de planificar sus finanzas, los padres pueden brindarles las herramientas y la confianza que necesitan para alcanzar sus metas y construir un futuro próspero.

Establecimiento de nuevos objetivos financieros.

Establecer nuevos objetivos financieros es un paso crucial para el crecimiento y el progreso individual. Ayudar a los niños y jóvenes a desarrollar la capacidad de establecer metas financieras realistas y alcanzables les permite tomar control de su futuro y construir un camino hacia el éxito.

Importancia de establecer nuevos objetivos financieros:

Fomenta la responsabilidad financiera: Permite a los niños y jóvenes tomar decisiones responsables sobre cómo gastar y ahorrar su dinero.

Motiva el ahorro: Brinda un propósito específico para ahorrar dinero, lo que aumenta la motivación para alcanzar las metas.

Genera confianza en sí mismos: Alcanzar metas financieras aumenta la confianza en sí mismos y la autoestima de los niños y jóvenes.

Promueve la planificación financiera: Permite a los niños y jóvenes desarrollar la capacidad de planificar y organizar sus finanzas para alcanzar sus objetivos.

Reduce el estrés financiero: Saber que se tiene un plan para alcanzar metas financieras puede reducir el estrés y la ansiedad.

Pasos para establecer nuevos objetivos financieros:

Evaluar la situación financiera actual:

Analizar los ingresos: Ayudar a los niños a comprender sus diferentes fuentes de ingresos, como la paga, becas o trabajos de medio tiempo.

Identificar los gastos: Registrar todos los gastos, incluyendo los fijos (como el alquiler) y los variables (como el entretenimiento).

Calcular el ahorro actual: Determinar la cantidad de dinero que se ahorra cada mes.

Identificar las necesidades y deseos:

Dialogar con los niños: Ayudarles a identificar las cosas que realmente necesitan y las cosas que solo desean.

Priorizar las necesidades: Enseñarles a priorizar sus necesidades en función de su importancia.

Establecer metas SMART:

Especificas: Deben ser precisas y definidas.

Medibles: Se debe poder medir el progreso hacia la meta.

Alcanzables: Deben ser realistas y posibles de lograr.

Relevantes: Deben ser importantes para la persona y estar alineadas con sus necesidades y deseos.

Con un plazo de tiempo: Deben tener un plazo de tiempo definido para su cumplimiento.

Desarrollar un plan de acción:

Determinar las estrategias para alcanzar las metas: Definir cómo se alcanzarán las metas, como aumentar los ingresos, reducir los gastos o buscar becas.

Establecer un presupuesto: Crear un plan para gastar el dinero de forma responsable y alcanzar las metas.

Elegir las herramientas financieras adecuadas: Seleccionar las herramientas y productos financieros que mejor se adapten a sus necesidades, como cuentas de ahorro, inversiones o seguros.

Implementar el plan y realizar un seguimiento regular:

Poner en marcha el plan de acción: Comenzar a ejecutar las estrategias y acciones definidas en el plan.

Realizar un seguimiento regular del progreso: Registrar los gastos, ingresos y ahorros de forma regular para evaluar el avance hacia las metas.

Ajustar el plan según sea necesario: Adaptar el plan a medida que cambian las circunstancias, como la obtención de un nuevo trabajo o un aumento de los gastos.

Consejos para ayudar a los niños a establecer nuevos objetivos financieros:

Involucrarlos en el proceso: Permitirles participar en la toma de decisiones y la elaboración del plan.

Utilizar herramientas y recursos educativos: Existen diversos libros, juegos y plataformas online que pueden ayudar a los niños a aprender sobre finanzas de forma divertida e interactiva.

Ser paciente: Establecer y alcanzar objetivos financieros lleva tiempo y esfuerzo.

Celebrar los logros: Reconocer y celebrar el progreso hacia las metas, por pequeño que sea.

Ser un buen modelo a seguir: Mostrarles cómo establecer y alcanzar sus propios objetivos financieros.

Al ayudar a los niños y jóvenes a establecer nuevos objetivos financieros, los padres pueden brindarles las herramientas y la confianza que necesitan para alcanzar sus metas y construir un futuro próspero.

Estrategias para mantener la motivación a largo plazo.

Mantener la motivación a largo plazo es fundamental para alcanzar metas financieras ambiciosas. Ayudar a los niños y jóvenes a desarrollar estrategias para mantener su entusiasmo y compromiso les permite perseverar en el tiempo y alcanzar sus objetivos con mayor éxito.

Importancia de la motivación a largo plazo:

Aumenta la probabilidad de éxito: Permite a los niños y jóvenes mantener el enfoque y la disciplina para seguir adelante con su plan financiero.

Reduce la probabilidad de abandono: Ayuda a superar los obstáculos y contratiempos que puedan surgir en el camino.

Fomenta la resiliencia: Enseña a los niños a afrontar los desafíos con una actitud positiva y perseverante.

Genera satisfacción personal: Alcanzar metas a largo plazo proporciona una gran satisfacción personal y aumenta la autoestima.

Estrategias para mantener la motivación a largo plazo:

Establecer metas pequeñas y alcanzables: Dividir las metas grandes en metas más pequeñas y manejables aumenta la sensación de progreso y facilita el mantenimiento de la motivación.

Celebrar los logros: Reconocer y celebrar cada logro, por pequeño que sea, ayuda a mantener la motivación y el entusiasmo.

Visualizar el éxito: Crear una imagen mental vívida de lo que se quiere lograr puede ayudar a mantener la motivación y el enfoque.

Encontrar un compañero de viaje: Tener a alguien con quien compartir las metas y los desafíos puede brindar apoyo y motivación.

Aprender de los errores: Los errores son inevitables, pero es importante aprender de ellos y seguir adelante.

Mantener una actitud positiva: Enfocarse en los aspectos positivos del proceso y mantener una actitud positiva es crucial para la motivación.

Recordar los motivos: Reflexionar sobre las razones por las que se establecieron las metas en primer lugar puede ayudar a mantener la motivación en los momentos difíciles.

Consejos para ayudar a los niños a mantener la motivación a largo plazo:

Ser un buen modelo a seguir: Mostrarles cómo mantener la motivación y el compromiso con sus propias metas.

Ofrecer apoyo y aliento: Brindarles apoyo y aliento cuando se sientan desanimados o desmotivados.

Ayudarles a superar los obstáculos: Ayudarles a encontrar soluciones a los problemas y desafíos que puedan enfrentar.

Celebrar sus logros: Celebrar sus logros y reconocer su esfuerzo y dedicación.

Recordarles que el éxito lleva tiempo: Enseñarles que alcanzar metas a largo plazo requiere tiempo, esfuerzo y paciencia.

Al ayudar a los niños y jóvenes a desarrollar estrategias para mantener la motivación a largo plazo, los padres pueden brindarles las herramientas y el apoyo que necesitan para alcanzar sus metas financieras y construir un futuro próspero.

Capítulo 14:
Conclusión

Recapitulación de conceptos clave.

1. Importancia de la educación financiera:

La educación financiera es fundamental para que los niños y jóvenes tomen decisiones responsables sobre su dinero.

Permite alcanzar metas a corto y largo plazo, reducir el estrés financiero y construir un futuro próspero.

2. Habilidades básicas de la educación financiera:

Presupuesto: Ayudar a los niños a crear un presupuesto que les ayude a controlar sus gastos y ahorrar para sus metas.

Ahorro: Incentivar la apertura de cuentas de ahorro para diferentes objetivos.

Inversión: Enseñarles sobre las diferentes opciones de inversión y cómo hacer crecer su dinero.

Seguros: Brindarles información sobre los diferentes tipos de seguros y su importancia.

3. Etapas de la planificación financiera:

Establecer metas: Identificar las metas a corto, mediano y largo plazo, tanto personales como financieras.

Evaluar la situación financiera actual: Analizar los ingresos, gastos y ahorros actuales.

Desarrollar un plan de acción: Definir las estrategias para alcanzar las metas, como aumentar los ingresos, reducir los gastos o buscar becas.

Implementar el plan: Poner en marcha el plan de acción y realizar un seguimiento regular del progreso.

Mantener la motivación: Celebrar los logros, ser paciente, fomentar la resiliencia y mantener una actitud positiva.

4. Estrategias para mantener la motivación a largo plazo:

Establecer metas pequeñas y alcanzables.

Celebrar los logros.

Visualizar el éxito.

Encontrar un compañero de viaje.

Aprender de los errores.

Mantener una actitud positiva.

Recordar los motivos.

5. Recursos para la educación financiera:

Libros: Existen diversos libros sobre finanzas para niños y jóvenes.

Juegos: Existen juegos de mesa y online que pueden ayudar a los niños a aprender sobre finanzas de forma divertida.

Plataformas online: Existen plataformas online que ofrecen recursos educativos sobre finanzas.

Instituciones financieras: Algunas instituciones financieras ofrecen programas de educación financiera para niños y jóvenes.

Al ayudar a los niños y jóvenes a desarrollar habilidades de educación financiera, los padres pueden brindarles las herramientas y la confianza que necesitan para alcanzar sus metas y construir un futuro próspero.

Repaso de principios fundamentales.

1. La importancia del ahorro:

Ahorrar para el futuro: Enseñar a los niños la importancia de ahorrar para alcanzar metas a corto y largo plazo, como la compra de una vivienda, un viaje o la educación universitaria.

Establecer metas de ahorro: Ayudarles a establecer metas de ahorro realistas y alcanzables.

Crear un plan de ahorro: Desarrollar un plan para alcanzar las metas de ahorro, incluyendo la cantidad de dinero que se debe ahorrar cada mes y cómo se invertirá.

2. La toma de decisiones responsables:

Evaluar las opciones: Enseñar a los niños a evaluar diferentes opciones antes de tomar una decisión financiera.

Considerar las consecuencias: Ayudarles a comprender las consecuencias de sus decisiones financieras.

Priorizar las necesidades sobre los deseos: Enseñarles a priorizar sus necesidades sobre sus deseos y a tomar decisiones responsables con su dinero.

3. El uso responsable del crédito:

Comprender el crédito: Brindar información sobre qué es el crédito, cómo funciona y cómo utilizarlo de forma responsable.

Evitar las deudas: Enseñarles a evitar las deudas y a pagarlas de forma responsable.

Construir un buen historial crediticio: Ayudarles a construir un buen historial crediticio para el futuro.

4. La inversión para el futuro:

Diversificar las inversiones: Enseñarles sobre las diferentes opciones de inversión y la importancia de diversificar las inversiones.

Invertir a largo plazo: Ayudarles a comprender que la inversión es a largo plazo y que es importante ser paciente.

Asesorarse por expertos: Recomendarles buscar asesoramiento de expertos financieros antes de realizar inversiones.

5. La protección financiera:

Tipos de seguros: Brindar información sobre los diferentes tipos de seguros y su importancia.

Elegir el seguro adecuado: Ayudarles a elegir el seguro adecuado para sus necesidades.

Estar preparados para los imprevistos: Enseñarles a estar preparados para los imprevistos y a tener un plan de emergencia financiera.

Al ayudar a los niños y jóvenes a comprender estos principios fundamentales, los padres pueden brindarles las herramientas y la confianza que necesitan para alcanzar sus metas y construir un futuro próspero.

Recordatorio de la importancia de trabajar juntos en el ámbito financiero.

La educación financiera es un proceso continuo que requiere el esfuerzo y la colaboración de todos los miembros de la familia.

Consejos para trabajar juntos en el ámbito financiero:

Comunicación abierta: Hablar con los niños y jóvenes sobre el dinero de forma abierta y honesta.

Involucrarlos en las decisiones financieras: Permitirles participar en la toma de decisiones financieras familiares.

Ser un buen modelo a seguir: Mostrarles cómo manejar el dinero de forma responsable.

Celebrar los logros: Reconocer y celebrar sus logros financieros.

Ser paciente: Enseñarles que la educación financiera es un proceso continuo que requiere tiempo y esfuerzo.

Beneficios de trabajar juntos en el ámbito financiero:

Mejores decisiones financieras: Permite tomar mejores decisiones financieras como familia.

Mayor confianza: Aumenta la confianza y la seguridad financiera de los niños y jóvenes.

Relaciones más fuertes: Fortalece las relaciones familiares y crea un ambiente de confianza y cooperación.

Futuro más próspero: Ayuda a los niños y jóvenes a construir un futuro más próspero.

Al trabajar juntos en el ámbito financiero, los padres pueden brindar a sus hijos e hijas las herramientas y la confianza que necesitan para alcanzar sus metas y construir un futuro próspero.

Inspiración para un futuro financiero sólido en pareja.

Construir un futuro financiero sólido en pareja requiere una base sólida de comunicación, confianza y colaboración. Inspirar a las parejas a trabajar juntas para alcanzar sus metas financieras puede marcar la diferencia en su bienestar y felicidad a largo plazo.

Consejos para inspirar un futuro financiero sólido en pareja:

Establecer metas financieras compartidas:

Identificar las metas: Dialogar y definir las metas financieras que ambos desean alcanzar, tanto a corto como a largo plazo.

Priorizar las metas: Priorizar las metas en función de su importancia y factibilidad.

Establecer metas SMART: Asegurarse de que las metas sean específicas, medibles, alcanzables, relevantes y con un plazo de tiempo definido.

Crear un presupuesto conjunto:

Registrar ingresos y gastos: Registrar todos los ingresos y gastos de ambos miembros de la pareja.

Establecer límites de gasto: Definir límites de gasto para cada categoría de gasto.

Utilizar herramientas de presupuesto: Existen diversas herramientas online que pueden facilitar la creación y seguimiento del presupuesto.

Comunicarse abierta y honestamente sobre el dinero:

Compartir información financiera: Compartir información financiera relevante, como ingresos, deudas y ahorros.

Hablar de las emociones relacionadas con el dinero: Hablar de las emociones y preocupaciones que cada uno tiene sobre el dinero.

Ser honestos y transparentes: Ser honestos y transparentes sobre las decisiones financieras que se toman.

Trabajar en equipo para alcanzar las metas:

Distribuir tareas y responsabilidades: Distribuir las tareas y responsabilidades relacionadas con las finanzas de la pareja.

Apoyarse mutuamente: Apoyarse mutuamente en el camino hacia el logro de las metas financieras.

Celebrar los logros juntos: Celebrar juntos los logros financieros alcanzados.

Aprender y crecer juntos:

Asistir a talleres o cursos sobre finanzas: Asistir juntos a talleres o cursos sobre finanzas para mejorar sus conocimientos.

Leer libros o artículos sobre finanzas: Leer juntos libros o artículos sobre finanzas para aprender nuevas estrategias.

Buscar asesoramiento profesional: Buscar asesoramiento profesional de un planificador financiero si lo necesitan.

Beneficios de construir un futuro financiero sólido en pareja:

Mayor seguridad financiera: Reduce la ansiedad y el estrés financiero.

Mejores decisiones financieras: Permite tomar decisiones financieras más informadas y responsables.

Relaciones más fuertes: Fortalece la confianza, la comunicación y la cooperación en la pareja.

Mayor satisfacción personal: Aumenta la satisfacción personal y la felicidad a largo plazo.

Al inspirarse mutuamente y trabajar juntos, las parejas pueden construir un futuro financiero sólido que les permita alcanzar sus metas y sueños.

Mensajes finales .

Para las parejas:

Confíen en su capacidad para alcanzar sus metas juntos.

No se desanimen por los contratiempos, aprendan de ellos y sigan adelante.

Disfruten del viaje juntos y celebren cada logro.

Recuerden que el éxito financiero es un proceso continuo que requiere esfuerzo y dedicación.

Para los padres:

Hagan de la educación financiera una parte importante de la crianza de sus hijos.

Brinden a sus hijos las herramientas y la confianza que necesitan para alcanzar sus metas.

Sean un buen modelo a seguir y demuestren a sus hijos cómo manejar el dinero de forma responsable.

Apoyen a sus hijos en su camino hacia la independencia financiera.

Para todos:

Nunca dejen de aprender sobre finanzas.

Busquen ayuda y asesoramiento cuando lo necesiten.

Recuerden que el dinero es una herramienta que puede ayudarles a alcanzar sus sueños.

Tomen el control de su futuro financiero y construyan la vida que desean.

¡Juntos pueden construir un futuro financieramente sólido y alcanzar sus metas y sueños!

Invitación a aplicar los conocimientos adquiridos.

¡Es hora de poner en práctica lo aprendido!

Aquí hay algunas ideas para empezar:

Reúnase con su pareja o familia para discutir sus metas financieras.

Comience a crear un presupuesto juntos.

Habla con tus hijos sobre el dinero.

Inscríbete en un taller o curso sobre finanzas.

Lee un libro o artículo sobre finanzas.

Busca asesoramiento profesional de un planificador financiero.

No importa por dónde empieces, lo importante es dar el primer paso.

¡Recuerda que el futuro financiero está en tus manos!

¿Te gustaría que te ayudara con algo en particular?

Aquí hay algunos recursos adicionales que pueden ser útiles:

Libros:

"Padre rico, padre pobre" de Robert Kiyosaki

"El millonario automático" de David Bach

"Los secretos de la mente millonaria" de T. Harv Eker

Sitios web:

https://www.finanzasparatodos.es/

https://www.rankia.com/

¡Te deseo mucho éxito en tu camino hacia la independencia financiera!